Oracle des esprits protecteurs

Guides, guerriers, anges et chamans

Du même auteur

Coffret :
Les Gardiens de la Lumière, Exergue, 2020.

Livres :
Les Anges et les Nombres, Exergue, 2021.
Les Ailes du pardon, Exergue, 2017.
Prières aux anges, Exergue, 2014.

Titre original anglais : *Angels and Ancestors*.

Publié pour la première fois par Hay House.

Traduit de l'anglais par Marie-Noëlle Antolin.
Design de couverture : Leanne Siu Anastasi.

ISBN : 978-2-38135-061-5

www.editions-tredaniel.com
info@guytredaniel.fr
www.facebook.com/editions.tredaniel
@vegaeditions

KYLE GRAY

Oracle des esprits protecteurs

Guides, guerriers, anges et chamans

Livre d'accompagnement

ÉDITIONS
VÉGA
19, rue Saint-Séverin
75005 Paris

« Gardiens des quatre coins,
Mère dans la Terre, Père dans le ciel,
anges, ancêtres, êtres sacrés,
je vous appelle et vous accueille ici et maintenant ! »

Sommaire

Introduction

Assemblés dans les royaumes spirituels invisibles, les esprits protecteurs utilisent leur sagesse pour aider la Terre à guérir. Nous pouvons accéder à cette incroyable énergie d'amour, mais nous devons d'abord le vouloir. Cet oracle vous aidera à sceller la connexion nécessaire.

Certains esprits protecteurs sont des anges, des êtres divins qui évoquent le cœur de l'amour. Ce sont des âmes intelligentes préhumaines chargées de veiller au bien-être de tous les êtres sensibles. Ils sont sans forme, mais en ont adopté une aux quatre coins du globe. Ils prennent des noms et des visages différents selon les lieux où ils opèrent, mais leur essence et leur mission restent les mêmes : aimer, aider et guider.

D'autres esprits sont des ancêtres, les âmes des gardiens de la sagesse de tous les coins du monde. Ce sont les guerriers, les médecins, les guérisseurs chamaniques et ceux qui possédaient les connaissances pour aider les gens à grandir et à se développer. Comme les anges, ils peuvent être appelés par une prière, une méditation ou une cérémonie à intervenir pour une guérison, un changement ou un soutien depuis les autres mondes.

Œuvrant ensemble, ces esprits protecteurs offrent une sagesse puissante qui peut nous aider dans notre vie spirituelle et physique. Les esprits divins apportent une énergie totalement aimante, sans jugement, qui nous guide et nous sécurise. Les esprits des ancêtres nous montrent l'expérience – ils ont foulé avant nous le sol de cette Terre, ont appris sa magie et ses remèdes.

Ce puissant oracle vous donne l'opportunité de bâtir un pont entre ce monde et les autres. Vous avez en main une clé de la grande sagesse de guérison qui fera écho à votre profonde connaissance intérieure. Les esprits protecteurs savent ce que vous devez apprendre, et par votre connexion et les rituels liés à ce coffret, vous allez leur permettre de vous transmettre des messages qui vous aideront à tracer votre chemin et à vivre une vie pleine de magie.

Comment utiliser les cartes de l'Oracle des esprits protecteurs

Ces cartes oracle offrent une occasion exceptionnelle de pratiquer une cérémonie destinée à honorer les êtres sacrés et à être reconnu d'eux. Elles agissent comme un pont entre ce monde et les autres, en apportant guidance, compréhension et soutien. Il est important de savoir que la magie ne vient pas des cartes, qui ne font que refléter la sagesse incroyable qui est en *vous*.

Le travail avec les cartes oracle est une cérémonie sacrée et, plus vous leur accorderez de temps et d'énergie, plus vous deviendrez confiant et efficace avec elles. De même, plus vous reconnaîtrez que c'est *votre* présence qui facilite cette incroyable connexion, plus vos messages et vos interprétations s'affineront.

Description du coffret

L'*Oracle des esprits protecteurs* se présente sous la forme d'un coffret de 55 cartes sans hiérarchie particulière. Chacune d'elles offre une occasion de vous connecter aux pouvoirs présents et à la guidance des chamans, des anges, des guerriers, des ancêtres et même de la Terre.

Les êtres sacrés

Vous trouverez dans ce coffret une sélection de 30 êtres sacrés des temps anciens. C'est un ensemble d'âmes merveilleuses qui se dévouent pour transmettre la sagesse ancestrale depuis l'au-delà. Ce sont des chamans, des guérisseurs, mais aussi des profanes, guerriers ou marchands des quatre coins de la Terre. Ils connaissent la vie sur Terre, car ils en ont fait l'expérience. Ils sont donc capables, avec une perspective spirituelle, de vous offrir des conseils perspicaces qui soutiendront votre chemin de vie.

Gardiens et messagers

Vous y trouverez aussi 12 esprits gardiens qui apportent des messages miraculeux de guidance et de guérison. Ce sont les gardiens des directions et les esprits des éléments qui protègent le cercle magique dans la pratique chamanique. Ces esprits guides vous aideront à vous connecter à vos besoins et désirs fondamentaux afin que vous puissiez vivre une vie épanouissante, alignée sur votre but et votre vérité supérieurs, pour votre plus grand bien.

Symboles guerriers

Pendant que j'écrivais mon livre sur les guerriers de lumière, j'ai fait un rêve dans lequel on me montrait des symboles à utiliser pour recevoir des messages puissants, directement de mes guides et de mes esprits protecteurs. Quand ces « symboles guerriers » apparaissent dans un tirage, ils révèlent une information importante qui vous aide à comprendre l'action à mener ensuite. Vous trouverez 9 cartes de symboles qui offrent des leçons et des indications pour évoluer. Les êtres sacrés des temps anciens observaient les augures dans la nature pour deviner le résultat d'une situation. Dans ce coffret, les symboles agissent de la même manière.

Saisons

Chaque année, les saisons se succèdent en apportant leurs puissantes énergies. Les cartes des saisons offrent des messages qui vous aideront à suivre le flot de la vie, et elles indiquent également la période concernée dans un sens plus linéaire, par exemple lorsqu'une saison particulière va enclencher les énergies pertinentes.

Toutes les saisons apportent aussi leur propre thérapie – laissez-les vous l'apprendre.

Créer un lien avec vos cartes oracle

Les êtres sacrés ont créé leurs propres manières de se connecter aux esprits et aux ancêtres en utilisant souvent des oracles constitués de pierres, d'os et de coquillages. Comme ces oracles étaient fabriqués à la main la plupart du temps à partir de matériaux issus de la chasse ou récupérés, les énergies du créateur et de la matière les imprégnaient. On reconnaît depuis toujours l'importance d'avoir un lien énergétique avec le moyen utilisé pour se connecter à l'esprit. Même si vous n'avez pas glané vous-même les matériaux de cet oracle ni ne l'avez créé de vos mains, n'ayez crainte, vous pouvez néanmoins avoir une forte connexion avec lui. Votre lien peut être créé et scellé instantanément par une cérémonie, et sa force et sa fréquence augmenteront avec le temps.

Votre cérémonie pour vous connecter aux cartes, pour les bénir et les aligner sur votre énergie, peut être aussi compliquée ou aussi simple que vous le souhaiterez. En vérité, c'est votre intention qui compte. Mais pourquoi ne pas laisser ce rituel être un simple moyen de contacter les êtres sacrés, les gardiens et les énergies de la nature qui se trouvent dans cet oracle fantastique ?

Cérémonie de connexion

Vous aurez besoin de :

- un espace privé où vous pourrez vous détendre en toute sécurité ;
- une vague idée des positions des points cardinaux ;
- vos cartes oracle.

Commencez par recentrer votre énergie en prenant quelques respirations profondes et conscientes.

Quand vous vous sentez concentré, dites en vous-même :

> *« Je suis en ce lieu aujourd'hui pour forger*
> *un lien sacré avec mes cartes oracle. »*

Prenez-les dans vos mains et observez-les attentivement, en les touchant l'une après l'autre. Faites-le avec patience et concentration – c'est une expérience à chérir.

Quand vous êtes prêt, tenez les cartes dans vos deux mains et dites :

> *« Gardiens des quatre coins,*
> *Mère dans la Terre, Père dans le ciel,*
> *anges, ancêtres, êtres sacrés,*
> *je vous appelle et vous accueille ici et maintenant !*

Merci de créer autour de moi un espace sécurisé et sacré afin que je puisse développer un lien avec cet oracle aujourd'hui.

Je suis prêt à développer une connexion plus profonde avec moi-même, avec mes dons et mon intuition pour entendre, sentir, voir et comprendre les messages de guidance qui montent en moi.

Je pose l'intention que tous les gains des leçons apprises grâce à cet outil soient dédiés à la croissance de tous les êtres en tous lieux. »

Tournez-vous vers l'est et dites :

« *Gardiens de l'est, anges de l'Air, merci d'apporter votre présence et vos bienfaits.*

Comme une brise fraîche, remplissez cet oracle de clarté.

Merci d'aider ses messages à changer les perceptions du miraculeux.

Il est si bon de savoir que cela peut débloquer ma vision intérieure.

J'accueille vos bénédictions de l'est. »

Tournez-vous vers le sud et dites :

« *Gardiens du sud, anges du Feu, merci d'apporter votre présence et vos bienfaits.*

Comme une torche embrasée,
remplissez cet oracle de lumière.

Merci d'aider ses messages à allumer des passions.

Il est si bon de savoir que cela peut guider
mes désirs et mes intentions.

J'accueille vos bénédictions du sud. »

Tournez-vous vers l'ouest et dites :

« *Gardiens de l'ouest, anges de l'Eau,*
merci d'apporter votre présence et vos bienfaits.

Comme une vague de bonté,
douchez cet oracle avec amour.

Merci d'aider à débloquer
mes visions émotionnelles.

Il est si bon de savoir que cela peut m'aider
à plonger en moi plus profondément.

J'accueille vos bénédictions de l'ouest. »

Tournez-vous vers le nord et dites :

« *Gardiens du nord, anges de la Terre,*
merci d'apporter votre présence
et vos bienfaits.

Avec des racines robustes,
ancrez cet oracle dans la sagesse.

Merci de l'aider à révéler
ma force terrestre et mes dons spirituels.

Il est si bon de savoir que cela peut m'aider
à rester centré dans la connaissance.

J'accueille vos bénédictions du nord. »

Posez les cartes sur votre cœur et dites :

« *Grande Terre Mère,*
merci pour tout ce que tu fais.

Merci pour ta nourriture quotidienne,
pour ton intelligence et ta protection.

Merci de me sécuriser
pour que mes dons puissent s'exprimer.

J'accueille tes bienfaits sur cet oracle.

J'accueille ta guidance dans ma vie.

Merci d'attirer à moi
les êtres sacrés et leurs messages.

Mon cœur ne fait qu'un avec toi.

Grand Père dans le ciel,
je confie cette intention ce jour
à ta lumière et à ton amour sacrés.

Merci d'aligner mon lien à cet oracle
avec le plus grand bien et la vérité
la plus élevée.

Je sais que la situation tout entière est guidée par toi.

Je sais par conséquent que tout ce qui découle de cette intention sera divinement guidé.

Mon cœur ne fait qu'un avec toi.

Merci !»

Prenez une grande inspiration.

Imaginez qu'une lumière venant des quatre directions pénètre dans vos cartes oracle.

Imaginez que la sagesse de la Terre les embrasse dans sa lumière.

Imaginez que l'amour du cœur de l'Univers les bénit.

Vous pouvez ajouter vos propres prières et intentions.

Quand vous êtes prêt, terminez votre cérémonie en disant :

«Je pose l'intention que tous ces bienfaits et toutes ces intentions me permettent de m'aligner avec ma vérité la plus élevée pour mon plus grand bien afin de vivre ma vie avec détermination.

Qu'il en soit ainsi !»

Votre oracle est alors vraiment lié à vous !

Utilisation de vos cartes oracle

Fonctionnement des cartes

Les esprits protecteurs opèrent sous la loi divine du libre arbitre. Cela signifie que nous ne pouvons obtenir leur aide avec succès à moins de la leur demander. Les meilleures façons d'accueillir la guidance incroyable de ces maîtres sacrés sont la prière, l'intention, la méditation et, bien sûr, vos cartes oracle.

Le simple fait d'ouvrir votre coffret et de vous préparer à l'utiliser montre que vous êtes ouvert à la réception d'informations, de visions et de messages des esprits protecteurs, mais il est important de savoir exactement comment les cartes vous délivrent leurs messages. Selon la loi spirituelle « ce qui se ressemble s'assemble », nous attirons ou créons des expériences par nos pensées, nos sentiments et nos actes. Lorsque nous utilisons des cartes oracle, nous sommes attirés par celles qui reflètent au mieux notre personnalité, notre situation, nos forces, nos dons et nos difficultés à un moment particulier.

Aborder les cartes oracle avec intégrité

Les cartes oracle sont un outil qui nous aide à communiquer directement avec le divin. C'est pour cette raison que nous devons les aborder avec intégrité. Cela signifie que, lorsque nous tirons une carte qui ne dit pas ce que nous aimerions entendre, il nous faut reconnaître qu'elle énonce peut-être une chose que nous devons entendre. C'est pourquoi il est important de les aborder l'esprit serein et le cœur ouvert, prêts à recevoir un conseil honnête et avisé – quel que soit ce conseil.

Une approche respectueuse – des cartes et de nous-mêmes – augmente aussi notre niveau de connexion et de communication avec le divin.

N'utilisez donc pas votre coffret quand :

- Vous êtes sous l'influence de l'alcool.
- Vous vivez une tempête émotionnelle.
- Vous venez d'avoir une dispute ou une mauvaise nouvelle.
- Vous n'êtes pas prêt à entendre la vérité.

Vous obtenez des résultats plus fiables quand :

- Vous venez de faire une méditation.
- Vous commencez la journée.
- Vous venez de marcher dans la nature.
- Vous sortez du bain.

Mener des tirages

Vous pouvez utiliser vos cartes pour effectuer des tirages pour vous-même ou pour les autres. Il n'y a ni règle ni dogme qui les concerne. Oubliez les superstitions obsolètes et comprenez qu'il s'agit seulement d'avoir confiance et d'y aller avec les meilleures intentions. Vous contrôlez ce qui se passe pendant un tirage, et vos esprits protecteurs, vos guides et ancêtres vous soutiennent tout au long du processus. Tirer les cartes avec ce coffret est absolument sûr et inspirant, alors faites-vous plaisir !

Élever la vibration

Pour que vos tirages restent précis et efficaces, il est toujours bon de conserver une énergie accordée sur un niveau élevé. Quelques rituels et pratiques pour garder cette énergie positive, ouverte et aimante sont toujours de mise pour débuter. Avant de commencer un tirage (pour vous ou quelqu'un d'autre), il est recommandé de faire une petite méditation pendant laquelle vous posez votre intention et/ou vous vous visualisez couvert de lumière blanche ou dorée. Pensez aussi à toutes les choses de votre vie pour lesquelles vous êtes reconnaissant, ou écrivez-les dans votre journal. Sortez faire une promenade dans la nature. Vous pouvez allumer de l'encens ou une bougie, et poser devant vous une image ou une statuette de votre saint ou de votre ange préféré dans la pièce où vous pratiquez. Quel que soit votre choix, le fait de conserver des vibrations positives vous permettra d'accéder à votre être supérieur et de conserver un canal limpide vers les esprits protecteurs.

Ranger vos cartes

Il n'y a pas de préconisation particulière sur la manière de ranger votre coffret, sinon de le garder dans un endroit sûr, de préférence hors de portée des autres afin que l'énergie des cartes reste alignée sur la vôtre. Vous pouvez avoir envie de déposer vos cartes dans un sac de velours ou d'organdi, ou vous contenter du coffret d'origine. J'ai toujours aimé faire des petits sacs pour ma collection personnelle de cartes oracle – c'est plus léger à transporter, surtout en voyage. De plus, le sac permet d'inclure quelques cristaux ou talismans avec les cartes afin que leur énergie reste pure et protégée.

Nettoyer vos cartes

Il est inévitable que vos cartes soient exposées de temps en temps à des énergies basses, si quelqu'un les malmène ou si un tirage pour un ami dégage des émotions bouleversantes. Si, pour quelque raison que ce soit, vous sentez que vos cartes ont besoin d'être purifiées, suivez vos instincts. Vous allez apprécier de savoir que toute énergie basse ou négative peut se neutraliser instantanément par la prière et l'intention. J'aime utiliser de l'encens ou de la sauge pour nettoyer mes cartes oracle, et la fumée aide à les visualiser époussetées. Voici une cérémonie de purification pour vous.

Cérémonie de purification

En tenant de la sauge, de l'encens, une résine ou une herbe aromatique de votre choix dans vos mains, posez l'intention intérieure de purifier l'ancienne énergie négative. Puis allumez l'encens ou la sauge et placez le bâtonnet ou le bouquet dans un récipient ininflammable.

Tenez les cartes au-dessus pour leur permettre d'être complètement immergées dans la fumée sacrée. Imaginez qu'elle balaie toutes les anciennes énergies et les vibrations qui ne vous conviennent plus.

Dites ensuite cette prière :

> *« Gardiens des quatre coins, Mère dans la Terre,*
> *Père dans le ciel, anges, ancêtres, êtres sacrés.*
>
> *De cette fumée sacrée, je purifie toutes*
> *les énergies négatives ou anciennes*
> *qui se tiennent entre moi et ma splendeur.*
>
> *Merci de purifier ces cartes afin qu'elles*
> *ne représentent et n'honorent que la lumière.*
>
> *Merci de les embrasser de votre sagesse sacrée*
> *afin qu'elles reflètent cette fois encore*
> *des messages positifs, pertinents et inspirants.*
>
> *Merci, merci, merci !*
> *Qu'il en soit ainsi ! »*

Quand vous avez terminé l'exercice de purification, je vous recommande chaudement de refaire la cérémonie de connexion, afin de recharger les cartes avec l'énergie des esprits protecteurs.

Battre les cartes

Un mélange vigoureux des cartes purifie également l'énergie et vous prépare pour une séance plus affûtée.

Si vous venez juste de prendre vos cartes, posez l'intention qu'elles soient libres de toute influence afin de vous offrir un tirage pertinent.

Si vous venez de terminer une séance avec une autre personne, battez énergiquement vos cartes en posant l'intention de laisser partir son énergie.

Un tirage pour soi

Un moyen fantastique de vous familiariser avec les cartes et de bâtir une solide relation avec elles est de faire un tirage pour vous. Vous avez peut-être entendu dire que c'était impossible ou que vous ne deviez pas, mais c'est de l'histoire ancienne. Les êtres sacrés d'autrefois recevaient toujours des messages personnels et des signes divins, vous pouvez en faire autant avec ce coffret. C'est sans aucun doute *bien plus qu'autorisé* de vous tirer les cartes.

Voici comment procéder :

- Battez les cartes.
- À haute voix ou dans votre tête, comme vous le sentez à ce moment-là, dites quelque chose comme : « Merci, esprits protecteurs, de me révéler, pour le plus grand bien, ce que je dois savoir. »
- Ensuite, faites une pile, les cartes les unes sur les autres, afin que lorsque vous les prendrez pour les retourner, la première sur le dessus soit la première de la disposition (vous trouverez quelques exemples ci-après).

Tirage pour une autre personne

Le processus du tirage pour quelqu'un d'autre est presque le même que pour soi. Si la personne est présente :

- Battez les cartes et étalez-les devant elle.
- Demandez-lui de poser les mains dessus et de remercier les esprits protecteurs. Si elle n'ose pas, vous pouvez dire à sa place : « Merci, esprits protecteurs, de révéler à [son nom] à travers moi et pour son plus grand bien, ce qu'elle doit savoir. Qu'il en soit ainsi. »
- Invitez-la à choisir des cartes et faites-en une pile.

Si la personne n'est pas présente – si vous faites, par exemple, un tirage par téléphone ou en vidéo pour un proche, un ami ou un client –, vous pouvez tirer les cartes pour elle, mais uniquement avec sa permission.

Dispositions possibles

Disposition à deux cartes (Croix à deux cartes)

Cette disposition est fantastique pour une vision rapide si vous faites un tirage express ou en complément d'une autre thérapie ou d'une séance que vous venez de partager. Je l'utilise souvent pour des tirages lors d'événements festifs ou professionnels avec un groupe d'amis. Elle est parfaite pour se focaliser sur une question particulière ou pour avoir un cliché des affaires en cours.

1. La première carte représente la situation pour laquelle vous consultez, où vous en êtes à ce moment-là.

2. La deuxième, qui est posée en travers, au-dessus ou sur le côté, représente ce que vous devez savoir ou faire.

Quand j'effectue ce tirage, j'interprète les cartes séparément, puis j'associe leurs significations pour obtenir de l'information et des visions.

Disposition du compas celte

Cette disposition a été créée spécialement pour les cartes oracle des esprits protecteurs, parce que le coffret est constitué de gardiens de sagesse et de messagers qui seront capables de vous donner une guidance approfondie sur votre énergie au moment du tirage.

Avec cette disposition, regardez non seulement les messages des cartes, mais aussi les personnages archétypaux, car ils représentent des aspects de vos dons et talents. Si vous tirez une carte de symbole, c'est une énergie particulière qui se manifeste à travers vous à ce moment-là.

Signification du tirage :

1. Centre : Esprit – vous et votre énergie.
2. Nord : Terre – ce qui vous ancre et vous fournit la concentration à ce moment-là.
3. Est : Air – vos pensées et perceptions présentes.
4. Sud : Feu – vos désirs croissants et vos besoins primordiaux.

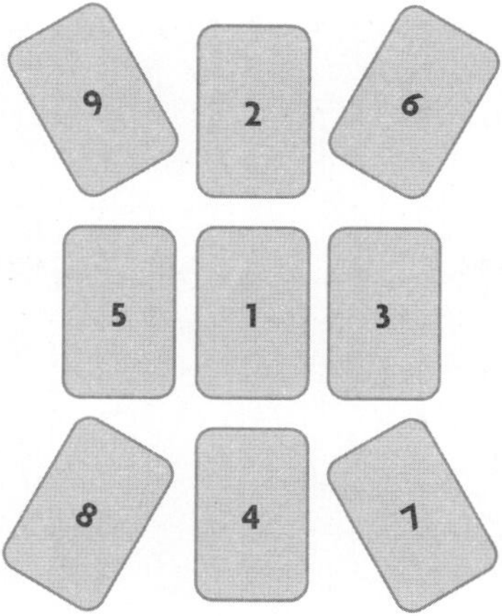

5. Ouest : Eau – comment vous vous sentez réellement émotionnellement.

6. Nord-est : ce qui a besoin d'attention et d'action.

7. Sud-est : où diriger votre énergie et vos intentions.

8. Sud-ouest : ce que vous devez laisser faire et abandonner.

9. Nord-ouest : le résultat de votre vibration présente.

Disposition des leçons des vies passées

Cette disposition a été créée pour vous aider à comprendre quelles énergies de vies passées vous avez gardées, qui peuvent vous aider à appréhender les épreuves que vous traversez dans cette vie. Comme les êtres sacrés et les personnages de ce coffret viennent des quatre coins du monde, ils peuvent aussi vous révéler des aspects de vos vies passées ou vous donner une idée des pays ou des groupes ethniques dont vous avez fait partie.

Ce tirage n'est pas conçu pour révéler les traits négatifs des vies passées, mais pour vous connecter aux dons qui accompagnent votre âme d'une vie à l'autre. Cependant, une difficulté peut être révélée, venant d'une incarnation antérieure et toujours présente dans cette vie. Ce tirage peut vous aider à comprendre et à éradiquer la racine du problème.

Quand vous découvrez les énergies de vos vies précédentes, prenez le temps de les examiner. Vous en souvenez-vous ? Résonnent-elles pleinement en vous ? Comment vous sentez-vous par rapport à elles ? Cela vous aidera à emmagasiner l'information qui arrive.

Signification des cartes :

1. Identité : quelle énergie aviez-vous dans une vie passée ?
2. Traits : quels dons aviez-vous qui vous caractérisent encore ?
3. Défi : quelle était votre principale difficulté autrefois (et peut-être encore aujourd'hui) ?
4. Révélation : quel karma doit être défait ?
5. Aide : quelle énergie va vous soutenir ?
6. Élévation : comment cela va-t-il vous aider à progresser ?
7. Transition : à quelle énergie accédez-vous après ces leçons ?

Questions à trois cartes

Vos cartes oracle des esprits protecteurs peuvent aussi révéler une information puissante suite à une question qui vous taraude ou à un problème sur lequel vous travaillez. Les dispositions à trois cartes s'utilisent pour obtenir des réponses immédiates. Vous pouvez également tenir un journal de vos tirages pour réfléchir ultérieurement aux messages et aux significations des cartes.

Voici quelques questions possibles pour un tirage à trois cartes :

- Que dois-je savoir ou faire pour avoir une relation amoureuse plus équilibrée ?
- Que dois-je savoir pour progresser dans ma carrière ?
- Comment puis-je devenir un meilleur soutien pour le monde ?
- Sur quoi dois-je travailler intérieurement pour évoluer spirituellement ?
- Sur quoi dois-je travailler intérieurement pour créer davantage d'abondance financière ?
- Y a-t-il quelque chose que je dois savoir ou faire pour apporter la guérison dans ma vie ?

1. Force : les forces et les dons que vous possédez dans cette situation.

2. Cœur : ce que votre cœur veut vous faire savoir sur la situation.

3. Défi : ce que vous devez guérir ou travailler pour progresser.

Questions à une carte

Voici quelques idées de questions pour un tirage très concentré, à une seule carte :

- À quelle énergie dois-je me connecter aujourd'hui pour devenir la meilleure version de moi-même ?
- Quelle énergie représente au mieux une force ou un don que j'ai dans cette vie ?
- Quel est mon conseil du jour ?
- Qu'est-ce qui requiert mon attention et mon énergie aujourd'hui ?

Cartes sauteuses

Quand vous battez les cartes, il arrive parfois que quelques-unes s'échappent. C'est très drôle et cela vous rappelle que vous n'êtes pas seul dans l'expérience. J'aime penser que, lorsque nous abordons un oracle pour obtenir des conseils, nos esprits protecteurs se rapprochent de nous et sécurisent l'espace pour que nous puissions grandir.

Si deux ou trois cartes sautent du jeu pendant que vous le mélangez, mettez-les de côté et laissez-les donner leur information ou leur conseil sur le tirage. Si toutes les cartes sont retournées sauf une ou deux, celles-ci peuvent se considérer comme des sauteuses. Si elles sont nombreuses à face visible, recommencez toute l'opération.

Cartes la tête en bas

À un moment donné, vous allez finir par tomber sur une carte la tête en bas quand vous la retournerez. Quand cela arrive, ne paniquez pas. De nombreuses personnes sont vraiment désemparées devant les cartes à l'envers, sans doute à cause des superstitions concernant le tarot, mais je choisis de penser que ces cartes-là nous crient de faire attention à elles. Les esprits protecteurs vous demandent d'être plus attentif aux cartes la tête en bas, car vous pouvez avoir un blocage avec les énergies qui leur sont attachées. Un blocage de l'énergie n'est ni une tare ni un défaut – en fait, recevoir cette information va vous soutenir et vous aider à grandir. Les séances de l'oracle ne font pas que révéler vos talents, elles vous montrent aussi comment transcender vos difficultés (et nous en avons tous).

Quand j'effectue un tirage, je préfère avoir toutes mes cartes la tête en haut, mais il arrive qu'une personne en place une la tête en bas, et cela ajoute une emphase à l'interprétation. Vous pouvez également mélanger les cartes – par exemple, en les posant face retournée sur la table et en faisant des moulinets des deux mains pour les étaler afin que leur orientation devienne aléatoire. Cela peut ajouter une nouvelle profondeur au tirage, mais c'est à vous de choisir votre préférence.

Appréciez l'expérience !

Le travail avec vos cartes oracle des esprits protecteurs représente une opportunité formidable. Bien sûr, contacter le divin pour sa guidance reste un sujet sérieux, mais ce coffret a été créé pour vous mener sur le chemin du bonheur, alors amusez-vous ! Si quelque chose vous bloque, essayez de ne pas trop vous y accrocher ni créer un résultat négatif dans vos pensées. Considérez ces cartes comme un groupe d'amis honnêtes, aimants et bienveillants, qui prennent à cœur vos intérêts.

Êtres sacrés

Ancêtre

Dépassez les schémas ancestraux

Message express

Dépassez les limitations qui vous ont été imposées par votre famille passée et présente. Sachez que l'énergie de votre esprit est plus puissante que la génétique et les habitudes comportementales.

Origine

Le peuple aborigène est le plus ancien qui vit encore sur la planète. Leur culture de chasseurs-cueilleurs et leur spiritualité sont ancrées dans la tradition, en équilibre avec la Terre. Les ancêtres aborigènes vous offrent donc non seulement la compréhension qui vous aidera à guérir et à vous adapter à une planète en constante évolution, mais également une vision de ce que devrait être une vie spirituelle.

Interprétation

L'Ancêtre est un ancien qui apporte un message de guérison. C'est une âme incarnée qui a cependant connu des expériences au-delà du plan physique, c'est pourquoi il représente une reconquête du pouvoir. Quand elle apparaît, cette carte reconnaît que vous avez la capacité de dépasser les limitations qui vous ont été imposées. Si vous espérez le succès malgré les échecs, le malheur, voire la maladie hérités de votre famille, il est important que vous compreniez que vous êtes ici pour *créer votre propre histoire*. Cette carte représente la guérison personnelle qui guérira toute votre lignée passée, présente et future. Sachez que c'est à *vous* de décider ce que vous allez faire. Sachez aussi que vos ancêtres vous encouragent et sont désolés pour les contretemps qu'ils ont pu vous causer.

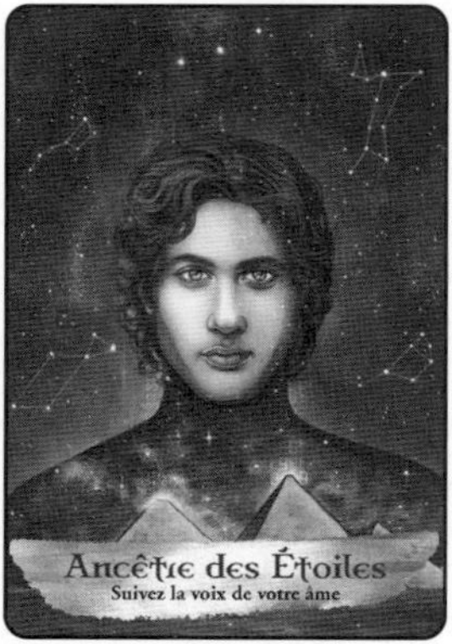

Ancêtre des Étoiles

Suivez la voix de votre âme

Message express

Écoutez bien les messages qui émanent directement de votre âme.

Origine

« Ancêtres des Étoiles » est un terme qui désigne les êtres de lumière extraterrestres qui se dévouent à la guérison et à l'évolution de la Terre. Ces êtres extraordinaires sont des incarnations divines de l'amour, qui apportent la sagesse des royaumes élevés. On ressent souvent une sorte d'élévation en regardant le ciel nocturne et ses myriades d'étoiles. Je crois que c'est parce que cela nous rappelle nos connexions stellaires, et c'est ce que cette carte représente. L'Ancêtre des Étoiles vous rappelle que vous avez le soutien des autres mondes et que vos amis célestes peuvent vous aider si vous le souhaitez. Ils peuvent se connecter à votre âme et suivre ses appels intimes.

Interprétation

Il y a un objectif plus profond à votre voyage humain. Non seulement vous êtes né pour quelque chose, mais vous êtes né dans un certain but. Vous êtes né pour être une lumière éclairant le monde et vous avez des soutiens dans l'Univers, qui vous transmettent des vagues d'énergie pour vous guider en ce moment. L'information et l'inspiration qui vous sont parvenues récemment ne sont pas des nouveautés, mais des souvenirs. Vos sentiments d'être tiré dans une direction particulière marquent l'éveil d'une partie de votre âme. Vous êtes attiré par un chemin qui non seulement vous éclairera, mais qui vous permettra d'illuminer également votre coin de terre. Continuez à suivre la guidance cosmique qui vient à vous.

Chaman

Ayez foi dans les forces supérieures

Message express

Croyez en vos esprits protecteurs. Si vous avez abandonné votre pouvoir, récupérez-le.

Origine

Sur le plan intérieur, tous les chamans des temps anciens aident l'espèce humaine à comprendre la complexité de la vie et les besoins de la Terre Mère. Plusieurs d'entre eux travaillent comme guides spirituels des artisans et guerriers de lumière. La carte du Chaman vous offre l'énergie du guide chaman en vous.

Les chamans pensaient que, s'il y avait une maladie, c'était parce que le pouvoir de la personne avait été oublié quelque part ou parce qu'un schéma négatif s'était installé en elle. Dans une transe, ils voyageaient dans les mondes souterrains pour récupérer ce pouvoir et chasser le « démon ». Si cette carte vient à vous, c'est parce que vous avez besoin de travailler à libérer les énergies basses et votre manque de foi dans les énergies spirituelles qui vous guident. Le Chaman vous guidera dans cette quête.

Interprétation

Vous avez des alliés spirituels qui travaillent en votre faveur, et leurs miracles apparaîtront bien plus facilement quand vous entrerez dans un état de confiance. Récupérez votre pouvoir et cessez de permettre aux forces extérieures de vous détourner des miracles que vous méritez. Confiez tous vos soucis à vos alliés spirituels. En faisant cela, vous leur permettrez de vous transmettre des messages et des conseils intuitifs qui vous aideront à corriger cette situation et à remonter la pente. Cette carte indique également que vous avez un potentiel chamanique pour passer d'un royaume à l'autre et contacter vos guides de manière très personnelle.

Chasseur

Traquez vos peurs et vos désirs

Message express

Traquez vos pensées et sentiments de peur. Quand vous les dénichez, vos désirs apparaissent en même temps.

Origine

La carte du Chasseur s'inspire de Cernunnos, le dieu celte que je préfère. C'est un dieu cerf sauvage qui représente à la fois le chasseur et la proie. De même, le Chasseur vous connecte à une énergie qui est à la fois craintive et intrépide. Vos peurs sont les seuls obstacles entre vous et vos désirs en ce moment. Il vous faut donc les affronter, comme le Chasseur défie les animaux sauvages, afin de pouvoir les vaincre.

Interprétation

Au lieu d'être hanté par vos peurs et d'autres sentiments enfouis en vous, devenez un Chasseur. On vous insuffle la force et la confiance, utilisez votre pouvoir pour faire avancer les choses. Vous n'êtes pas sur Terre pour vous recroqueviller ni pour vous cacher, vous y êtes pour réaliser votre plein potentiel, mais cela ne peut se faire que si vous vous levez et acceptez d'agir. Quand cette carte se montre, elle indique une opportunité d'affronter un aspect de votre passé ou de clore une situation qui vous a poursuivi jusqu'ici.

Si vous êtes un homme ou identifié comme tel, cette carte représente votre virilité et une occasion de vous connaître plus profondément.

Si vous êtes une femme ou identifiée comme telle, cette carte représente votre capacité à être forte et puissante pour dépasser vos limitations.

Chevalier

Soyez courageux et honnête

Message express

Faites ce qu'il faut, même si ce n'est pas l'option la plus facile. Soyez fidèle aux valeurs que vous savez justes et authentiques.

Origine

Le Chevalier porte une armure rutilante dédiée à la couronne que son épée défend. Il est donc un protecteur du saint Graal et, par conséquent, de votre croissance et expansion spirituelles. Il représente le guerrier en vous – que vous soyez homme ou femme, cette énergie vous habite. Son épée et son armure montrent qu'il est fort et courageux, mais si vous l'observez de plus près, vous verrez une larme couler sur son visage, qui prouve sa volonté d'être vulnérable et son amour pour ce qu'il protège.

Interprétation

L'énergie du respect est essentielle en ce moment. On vous encourage à saisir ce qui est important pour vous et ce pour quoi vous vous battez. Si vous êtes dans un lieu en butte à un conflit, on vous conseille de poursuivre votre chemin avec intégrité, parce que, même si cela ralentit votre progression, votre récompense sera encore plus abondante. Vous êtes auréolé d'une lumière de bravoure qui vous soutient.

Cette carte apporte également la justice. Si vous attendez un jugement, sachez que les énergies universelles travaillent à remettre les choses en ordre et que vous n'avez pas à forcer quoi que ce soit par votre volonté. Si vous avez récemment commis des erreurs, il est important de les reconnaître afin de vous atteler à améliorer la situation. Si vous ressentez le besoin de défendre votre chemin spirituel, prenez du recul et laissez-le vous protéger.

Ciel Père

Ayez confiance en l'inconnu

Message express

Croyez que votre chemin se déroule exactement comme il se doit. Vous avez une relation personnelle avec le Père. Comprenez qu'il guide vos pas avec amour.

Origine

Ciel Père est le nom donné à « Dieu » dans de nombreuses religions et mythologies. Cette carte représente donc les pouvoirs universels qui sont d'essence masculine, les énergies que les peuples invoquaient et espéraient dans les périodes de difficulté et de gratitude. Le Ciel Père personnifie votre relation aux énergies masculines du divin, ainsi qu'une puissante figure paternelle ou virile.

Interprétation

Vous êtes cocréateur de votre vie, et chaque pensée, sentiment, intention et émotion que vous ressentez crée votre route. Cela dit, vous n'avez pas à connaître tous les détails de ce qui se déroule devant vous. Quand cette carte apparaît, elle vous conseille de prendre du recul et d'arrêter de vous bloquer, parce qu'il y a un pouvoir plus grand qui n'est pas seulement avec vous mais en vous, celui du Ciel Père qui crée pour vous l'expérience la plus inimaginable. Si vous l'acceptez, une énergie miraculeuse pourra entrer dans votre vie. Commencez à voir les choses d'un point de vue plus élevé, comme l'aigle de la carte.

Cette carte peut également apparaître quand il se trouve une occasion d'améliorer la relation au père dans votre vie. Si votre père est déjà au Ciel, sachez que son esprit est près de vous. S'il est encore sur Terre, voilà une opportunité de régler un problème du passé ou du présent.

Commerçant

Échangez l'énergie pour l'abondance

Message express

Connectez-vous aux autres et échangez des informations, du talent et du soutien.

Origine

Le Commerçant offre la leçon et l'énergie de l'échange. Quand il apparaît, il peut représenter une opportunité d'échanger des talents (quels qu'ils soient) pour croître, ou il peut s'agir d'un échange d'énergies venant de l'Univers. Ou les deux. Par exemple, si vous êtes une personne créative ou si vous estimez l'être, lorsque vous partagez vos talents, vous les offrez et l'Univers vous en donne alors davantage pour que vous partagiez toujours plus. C'est un cercle vertueux.

Le Commerçant vous rappelle aussi d'être ouvert et honnête, et d'agir avec intégrité dans vos échanges, parce que « faire une chose pour en obtenir une autre » n'attire que des difficultés.

Interprétation

L'Univers opère avec la loi de cause à effet, et cherche toujours à revenir à un état naturel d'équilibre. Donc, si vous manquez de sentiment d'abondance en ce moment, vous êtes invité à partager votre temps, votre talent et votre compréhension avec les autres. Si vous êtes frustré parce qu'une chose ne se déroule pas comme vous le souhaitez, au lieu de vous demander ce que vous pourriez obtenir, cherchez ce que vous pourriez donner. L'échange d'énergie ne concerne pas uniquement les finances, cela peut aussi prendre la forme d'un soutien qui aide à se sentir soutenu en retour. Si vous vous retenez d'offrir, il est temps d'y remédier. Autorisez-vous à être ouvert, honnête et vulnérable. Cela vous préparera à recevoir des opportunités plus vastes dans les jours, les semaines et les mois qui viennent.

Dame

Engrangez les récompenses

Message express

Récoltez ce que vous avez semé et appréciez les fruits de votre travail. Élargissez et développez tous les domaines de votre vie.

Origine

La Dame, appelée Impératrice dans le tarot traditionnel, est la représentation de la déesse sous sa forme la plus fertile. C'est un être d'abondance, de générosité et de créativité. Elle est étroitement connectée à la nature, parce que c'est son enfant. Elle représente l'énergie maternelle et possède un amour incommensurable à offrir à tous ceux qui ont besoin de tendresse. Cependant, elle représente aussi la déesse Vénus et aspire à une relation forte avec son homologue, le Seigneur. Sur cette carte, elle tient une pomme dont les graines forment un pentagramme parfait qui, pour le paganisme, représente les cinq éléments de vie.

Interprétation

Fertilité, croissance et abondance sont imminentes quand la Dame arrive dans votre vie. Toutes les graines que vous avez semées s'éveillent et de nombreuses autres récompenses vous attendent. Du côté maternel, cette carte peut annoncer la sécurité matérielle et le confort – elle montre que vous aurez largement de quoi vivre. Si vous faites des transactions ou avez l'intention de créer de la croissance financière, elle indique un succès monétaire considérable. La Dame peut également marquer d'autres formes d'abondance : belles occasions, propositions de mariage ou naissance d'un enfant. Elle vous aidera à respecter la nature et à vous connecter à ses forces pour avoir un trajet de vie généreusement soutenu.

Druide

Préservez votre espace

Message express

Tenez bon. Ne faites pas de changement ni de mouvement brusque. Restez fort, sachant que vous êtes à votre place.

Origine

Les druides étaient les anciens sages des îles Britanniques. Ils avaient une profonde connexion avec la Terre, le Soleil et la Lune. Ils furent les érudits qui créèrent le langage ogham des arbres, et on leur reconnaissait un talent créatif pour les contes, la poésie et l'artisanat.

Interprétation

Quand la carte du Druide apparaît dans un tirage, elle vous conseille de creuser en profondeur et de tenir votre position. Si vous vous demandez quoi faire ensuite ou si vous êtes anxieux à propos du déroulement de votre vie, il est temps de varier vos perceptions et de revenir à un état de confiance. Ne changez pas vos plans, ne bouleversez rien, mais ayez confiance dans le processus et laissez venir les choses à leur rythme avant de commencer une nouvelle étape. Pensez à un arbre : même quand il possède de solides racines, il continue de grandir et de porter ses fruits. Votre vie en sera le reflet.

Ermite

Retirez-vous pour vous ressourcer

Message express

Prenez le temps de vous reposer et de récupérer pour continuer votre croissance. Bénéficiez de l'information qui arrive directement dans votre cœur.

Origine

La carte de l'Ermite est celle de la solitude et de la méditation. Elle représente votre capacité à entrer en vous et à visiter la caverne de votre cœur. Nombre de réponses à vos problèmes s'y trouvent, mais si vous ne prenez pas le temps de vous connecter à vous-même ni d'être à l'aise dans la solitude, vous ne pourrez pas entendre les messages qui montent en vous. La position en tailleur de l'ermite Sadhu sur cette carte est une invitation à maîtriser le pouvoir de votre pratique méditative. Le symbole du Shri Yantra derrière lui représente l'union des énergies masculine et féminine, donc le soutien du Dieu Père et Mère.

Interprétation

Vous avez travaillé dur et tout donné pour votre situation actuelle, cela peut devenir épuisant et nuisible pour votre développement, à moins que vous ne vous retiriez maintenant pour recharger vos batteries. C'est pourquoi cette carte vous conseille de faire une pause. Si vous travaillez à rassembler quelque chose, votre trop grand investissement ralentit le processus, alors faites un pas de côté et profitez-en pour respirer. Si vous avez quelque chose à dire ou à faire qui risque d'avoir un grand impact sur votre vie, prenez le temps d'une profonde réflexion – voire de contemplation – avant de vous lancer. Quand nous nous précipitons, nous ne voyons pas, la plupart du temps, combien nos actions peuvent être destructrices. Méditez et écoutez la sagesse de votre âme avant d'aller plus loin.

Esprit Renard

Ayez confiance en vos talents

Message express

Soyez vigilant, car le changement est dans l'air.

Origine

L'Esprit Renard représente le renard roux, depuis toujours mon animal fétiche. C'est une créature étonnamment résistante, capable de survivre dans un environnement urbain comme sous les températures extrêmes de l'Arctique. Les renards savent ce que c'est d'être chassés et traqués depuis des siècles pour leur précieuse fourrure alors qu'ils ne cherchent qu'à survivre. C'est pourquoi l'énergie de l'Esprit Renard vous aidera à surmonter l'adversité et l'injustice. De même, comme les renards citadins se cachent dans les villes et ne sortent que la nuit, cette carte vous offre l'art du camouflage.

Interprétation

Les énergies qui vous entourent sont fluctuantes, et bien que ce ne soit pas confortable, vous êtes équipé de tout le nécessaire pour survivre au changement. Des opportunités vous sont présentées pour atteindre des espaces que vous n'avez encore jamais fréquentés, et si cela vous crispe un peu, restez ouvert aux transformations qui viennent, parce que ce sont en réalité les réponses à vos prières. L'expérience d'être chassé ou menacé est derrière vous et vous êtes invité à sortir de votre tanière pour révéler au grand jour votre éclat et vos talents. Invoquez la médecine de l'Esprit Renard pour être vu tel que vous êtes, et croyez en vos talents pour tenir du mieux que vous pouvez en ces temps de changements.

Femme Louve

Débridez votre nature sauvage

Message express

Laissez votre côté sauvage se lever et s'épanouir! Débridez vos talents et vos désirs.

Origine

La Louve est une puissante âme chamanique à moitié animale et à moitié femme. C'est la meilleure femelle qui ne craint pas de sortir de la foule ou, dans ce cas, de la meute. Elle est sauvage, sans filtres ni entraves.

Elle vous encourage à ne vous laisser piéger ni par les limitations, ni par les membres plus faibles de la communauté, ni par ceux qui vous chassent parce que vous avez des dons qui les dépassent et qu'ils n'aiment pas. Elle représente l'énergie de la nature sauvage et de l'inconnu, elle vous pousse à vivre libre, sans entraves ni frontières. Libérez l'énergie animale en vous et cherchez ce que vous devez faire pour exprimer votre véritable personnalité.

Interprétation

Vous revenez maintenant à votre nature : vous êtes guidé pour vous reconnecter à votre cœur rebelle, à la part de vous qui aime briser les barrières et les franchir complètement. Si vous avez retenu vos rêves et vos espoirs, vous êtes encouragé à les redécouvrir maintenant. Laissez l'énergie du loup intérieur vous entraîner dans la direction que vous voulez prendre, et ne laissez aucun piège ni aucun chasseur s'interposer sur le chemin de votre liberté ou de votre évolution. La vie que vous attendez est là !

Femme Sage

Évoluez dans votre situation actuelle

Message express

Attelez-vous à la tâche. Soyez fiable et engagé, ouvert à la sagesse et aux visions de vos ancêtres.

Origine

La Femme Sage représente l'aspect le plus abouti de la déesse – la « vieille ». Pour le paganisme et la sorcellerie wicca moderne, la « vieille » est l'aspect le plus ardent, perspicace et conscient de la déesse, car elle est passée par tous les défis de la vie et a surmonté de nombreux échecs. Sur cette carte, le corbeau dans ses mains représente la capacité de traverser des périodes sombres et de renaître encore et encore. Elle vous aide donc à puiser dans la sagesse pour surmonter ce que la vie vous balance – la sagesse étant l'information enregistrée dans votre âme, plutôt que le savoir acquis durant cette vie – et pour apprendre de l'expérience de vos ancêtres.

Interprétation

La sagesse est fondée sur quelque chose qui manque souvent à la jeune génération : l'engagement et la fiabilité. Quand la carte de la Femme Sage apparaît, elle vous conseille de continuer à croître et à évoluer dans votre situation actuelle. Soyez engagé dans vos tâches et vos projets. Il est très facile de s'ennuyer ou de se laisser déborder, mais persévérez. On vous rappelle que le sentiment d'être abandonné et de connaître le manque de fiabilité n'est pas ce que vous êtes venu expérimenter dans cette vie. Continuez à travailler sur ce que vous avez commencé, car ce sera très bénéfique pour vous à long terme.

Fille au Bouclier

Planifiez et concentrez-vous

Message express

Mettez en place un plan ou une stratégie avant d'aller plus loin.

Origine

La Fille au Bouclier est un chevalier féminin en armure étincelante. Dans les traditions vikings, les femmes étaient les égales des hommes. Elles les accompagnaient dans leurs expéditions et prenaient part aux combats à leurs côtés. Dans ce coffret, la Fille au Bouclier apporte une énergie féminine ardente – le pouvoir d'être une guerrière tout en conservant une sensibilité féminine. Elle est prête à mettre ses plans en action, prête à se lancer dans la bataille. Sa médecine nous aide à dépasser les sentiments d'incertitude quand nos plans commencent à prendre forme, et à suivre nos stratégies pour être où nous voulons être. Les Filles au Bouclier travaillaient ensemble autrefois pour créer des murs protecteurs, et cette carte nous montre aussi comment travailler avec les autres pour faire fructifier nos projets.

Interprétation

Prenez le temps d'évaluer quelles seront vos prochaines étapes. Tous les grands guerriers ont un plan de bataille. Vous êtes un être sensible et, si vous n'êtes pas préparé pour les tâches que vous entreprenez, vous pourrez vous sentir exposé et désarmé. La guidance ancestrale qui vient à vous maintenant vous rappelle qu'un cœur de guerrier bat en vous pour mieux vous préparer et vous concentrer. Donc, mettez en place une stratégie et laissez vos guides vous soutenir sur votre route.

Gardienne de la Paix

Libérez-vous du besoin d'avoir raison

Message express

Choisissez la paix et la joie plutôt que le besoin d'avoir raison. Au lieu d'essayer de prouver un détail, gardez votre énergie pour ce qui est important.

Origine

La Gardienne de la Paix est une sage Amérindienne inspirée par la Femme Buffle Blanc. Elle tient un calumet de la paix, emblème de l'abandon de l'instinct guerrier et de l'offrande de l'harmonie. C'est une âme qui connaît le sentiment d'être menacée, qui défend ses convictions et ce qu'elle sait être juste. Sa médecine vous aide à choisir la voie la plus élevée dans chaque situation, même si vous êtes obligé de décider sous la pression. Elle vous rappelle que dans vos mains se trouve le pouvoir de faire le bon choix pour le bien de tous.

Interprétation

Vous vous sentez peut-être nerveux à cause d'une situation stressante. Il y a en vous un guerrier qui veut se lever, prouver ses arguments et faire éclater la vérité. Mais la sagesse ancestrale vous rappelle que la vérité sera toujours révélée à la fin. Il est plus important en ce moment d'éviter les disputes et les discussions enflammées, puisque vous savez que c'est peine perdue. Il y a bien plus de pouvoir à choisir d'avoir une perspective plus élevée. Cela vous permettra de vous connecter profondément à votre guidance intérieure et à votre intuition qui vous mèneront vers la résolution de la situation dans son ensemble, et à la guérison de certaines blessures qui vous ont été infligées. Choisissez la paix – vous savez qu'elle vous appelle.

Grand Maître

Apprenez de vos expériences spirituelles

Message express

Comprenez que les événements autour de vous sont inspirés par le divin. Apprenez de vos expériences présentes, et partagez-les avec d'autres.

Origine

Cette carte est inspirée par Jésus, l'un des maîtres spirituels les plus reconnus et aimés de tous les temps, mais toutes les traditions vénèrent un Grand Maître, et cette carte représente celui dont vous vous sentez le plus proche, ainsi que celui qui est en vous. Le Maître porte des vêtements simples pour démontrer que, même si vous vivez une vie modeste, elle peut être incroyablement spirituelle. Il est auréolé d'une sensation de sérénité et d'harmonie, parce qu'il a totalement confiance dans le pouvoir supérieur qui l'habite. La colombe de la carte représente les réponses aux prières montrées par des signes, et la paix qu'apporte la joie.

Interprétation

Cette carte peut représenter un enseignant dans votre vie, ainsi que le Grand Maître intérieur. Quoi qu'il en soit, elle montre que vous avez dédié beaucoup de temps, d'effort et d'énergie à la compréhension du monde et de vous-même. Vous vivez actuellement des expériences spirituelles et gagnez en conscience de ce que vous devez faire pour grandir. Vous avez une grande chance si vous avez récemment vécu des moments difficiles, car vous les avez surmontés et leur avez permis de véhiculer des leçons qui vous aident dans votre connexion spirituelle. Si vous pensez avoir reçu dernièrement des messages du Ciel ou de l'Univers, cette carte confirme que c'était bien une expérience spirituelle.

Grand Prêtre

Projetez et créez

Message express

Reconnaissez que vous avez le pouvoir de changer votre vie. Affrontez votre peur et alignez-vous sur la lumière !

Origine

Dans de nombreuses traditions, le Grand Prêtre est l'incarnation physique du masculin divin. Il agit tel un pont entre les mondes et peut non seulement deviner l'avenir, mais également participer à le créer. Il peut être le chef d'une tradition spirituelle ou, dans la culture païenne, le pendant de la Grande Prêtresse, mais il est toujours spirituellement connecté et discipliné, avec un grand respect pour son Créateur et pour sa pratique personnelle.

Dans un tirage, cette carte peut représenter un personnage spirituel, un chef ou un enseignant de votre entourage, ou un aspect de votre chemin qui vous a mené où vous êtes aujourd'hui.

Interprétation

Vous êtes un pont entre la Terre et le Ciel, et il est important que vous sachiez que vous êtes plus puissant et connecté que vous ne le croyez. Tout ce sur quoi vous portez votre attention et votre énergie en ce moment crée la voie devant vous. Vous avez parfois reculé, mais acceptez ces expériences qui vous ont mené à une compréhension plus profonde de vous et de votre esprit. Sachez que vous êtes guidé par les ancêtres pour diriger vos pensées et vos énergies vers ce que vous voulez voir guérir, grandir et s'épanouir – puis constatez le résultat sous vos yeux.

Grande Prêtresse

Maîtrisez le pouvoir mystique

Message express

Alignez-vous sur la lumière et concentrez-vous sur le positif.

Origine

La Grande Prêtresse est l'incarnation physique du féminin divin, la déesse sous forme humaine. Elle a reçu de nombreux noms au gré du temps et de l'espace, mais son essence est la même : ardente, puissante, disciplinée.

Pour de nombreuses traditions, en particulier préchrétiennes, la Grande Prêtresse était chargée des ordres spirituels et religieux ; c'était la voix de l'autorité et de la guidance des dieux. Dans ce coffret, elle est l'épouse et la partenaire du Grand Prêtre (si vous les regardez ensemble, vous remarquerez que chacun reflète l'énergie de l'autre). Elle est accompagnée d'un chat noir représentant la déesse égyptienne Bastet, qui la protège des basses énergies, et elle se tient droite, forte de sa gloire et de son pouvoir.

Interprétation

Vous êtes un mystique et avez la capacité de vous connecter aux énergies qui existent au-delà des sens humains. Vous possédez une force magique dirigée par votre volonté. Voici maintenant une occasion de vous élever, mais cela demande dévouement et discipline. Il vous est conseillé d'observer ce à quoi vous travaillez ou la situation qui vous attend, pour déterminer quelles sont vos priorités. Si vous êtes incapable de décider, utilisez votre intuition et votre discernement pour vous concentrer sur ce qui vous rapproche de votre but et du bonheur de toutes les personnes concernées. Quand cette carte se montre, il est important pour vous de noter votre intuition, car elle vous fournira une guidance essentielle pour votre évolution.

Guerrier

Soyez sans peur et tenez bon

Message express

Ne cédez pas. Faites entendre votre opinion. Ne vous contentez pas de la deuxième place.

Origine

Un guerrier est celui qui est prêt, qui veut se connaître et faire ce qu'il faut pour aller où il souhaite se trouver. Dans ce coffret, le Guerrier incarne l'amour ardent primordial – le guerrier en soi, l'énergie que vous pouvez invoquer pour vous protéger. Même si vous pensez ne pas vous aimer, quand vous êtes exposé à une situation menaçante ou dangereuse, les gestes que vous faites pour vous protéger sont en fait des actes d'amour ardent.

Bien que le Guerrier de cette carte soit baigné d'obscurité, il est lumineux. Le guerrier intérieur est fait de lumière et il a la capacité de briller encore plus fort quand il affronte l'ombre tête baissée.

Interprétation

Si vous avez peur d'une chose en ce moment, sachez que cela signifie qu'elle est importante pour vous. Chaque fois que vous avez peur, vous êtes à l'orée de quelque chose de grand – peut-être d'une énorme dépression qui vous aidera finalement à avancer. Si vous connaissez une situation où vous devez faire face à une personne ou à un événement susceptible de vous déstabiliser, comprenez que l'on vous conseille d'appeler votre guerrier intérieur. Ne faiblissez pas et ne craignez rien, parce que vous avez l'énergie de vous protéger maintenant et toujours.

Maître Shaolin

Mettez de la grâce dans vos actions

Message express

Ralentissez et stabilisez-vous. Respirez et progressez en douceur. Ayez une approche plus calme.

Origine

Le Maître Shaolin éveille le ninja en vous. La médecine du Shaolin vise à apprendre à s'adapter à une situation en puisant dans l'énergie qui circule dans le corps et en la préservant pour la libérer au meilleur moment. Elle enseigne aussi la subtilité, parce que si vous forcez trop, vous gaspillez l'énergie et cela peut contrecarrer le travail que vous faites.

Tel un moine, le Maître Shaolin a le respect de toutes choses. Il est discipliné et guidé par son art, qu'il n'utilise jamais pour impressionner les imbéciles ni pour paraître plus fort que ceux qui le menacent. Vous aussi, vous êtes invité à rester gracieux dans vos mouvements, vos choix et vos actions.

Interprétation

Vous êtes invité à couler comme l'eau, à souffler comme le vent et à vous connecter à vos intentions les plus pures. Ne vous sentez pas obligé de vous précipiter dans la course. Une approche plus tranquille sera plus fructueuse et gratifiante. Faites des mouvements gracieux et subtils. Visez les sommets, mais demandez-vous aussi comment mieux suivre le courant de la vie au lieu de lutter contre lui. Avez-vous la capacité de recentrer votre attention ces temps-ci ? Pouvez-vous ralentir ? Ou prendre davantage de temps pour respirer et vous assouplir tout en avançant ? Tout cela sera extrêmement bénéfique pour l'avenir qui vous attend.

Mère Médecine

Respectez votre connaissance intérieure

Message express

Agissez, faites ce que vous savez devoir faire.

Origine

« Une mère sait toujours mieux », dit-on, et c'est la vérité. Nous connaissons tous une personne maternelle qui est extrêmement intuitive et perspicace, une Mère Médecine qui a traversé des hauts et des bas. Elle a vécu et elle a perdu. Elle connaît la souffrance et l'envie d'abandonner. Cette carte dit qu'il est normal de faire des erreurs et de se tromper parfois, et que toute chose a une fin. Ce n'est pas la fin du monde, mais seulement celle d'un chapitre et le début d'autre chose. La Mère Médecine vous rappelle que même si vous déprimez parfois, vous n'êtes pas sur Terre pour souffrir, mais pour être soutenu et soutenir les autres. Laissez-la vous offrir son encouragement bienveillant pour continuer votre chemin.

Interprétation

Un ancien schéma revient en vous en ce moment, il est temps de le gérer et de le libérer pour de bon. Vous êtes encouragé à vous aimer et à vous respecter suffisamment pour faire les démarches que vous savez devoir faire afin de vous approcher de l'objectif que vous vous êtes fixé. Vous connaissez déjà les réponses. Vous savez ce que vous avez à faire. Vous avez peut-être utilisé des tactiques dilatoires pour gagner du temps, mais maintenant, il vous est conseillé d'agir. Toute action demande du courage, mais vos esprits protecteurs et vos guides vous insufflent la force nécessaire pour avancer. Faites d'abord un pas. Alors, l'étape suivante vous sera présentée.

Métamorphe

Transformez-vous et dévoilez vos dons

Message express

Prenez le temps de vous concentrer sur le développement de vos dons et de vos forces.

Origine

Dans les traditions chamaniques, un métamorphe est soit un animal qui possède la capacité de changer d'espèce, soit un chaman capable de se transformer en animal pour voyager entre les mondes. Si vous êtes particulièrement attiré ou fasciné par un animal sauvage, c'est probablement parce que vous pouvez prendre sa forme en méditation ou en voyage astral pour aller explorer d'autres mondes. Quand vous vous transformez en animal, vous voyez le monde avec d'autres yeux et vous puisez dans les capacités de survie de son espèce pour parvenir à surmonter une situation particulière.

Interprétation

Vous devez avoir traversé de nombreuses épreuves et déprimes, mais vous êtes maintenant dans un espace de transformation. Vous sortez de vos difficultés passées et affinez vos forces présentes. Vous avez des opportunités pour découvrir ou retrouver vos dons et talents innés, car vous êtes né pour les partager. Toutes vos expériences passées vous ont seulement aidé à remarquer la force qui vous habite en réalité. Vous êtes une âme incroyable qui peut prendre les formes les plus inattendues. Vous avez de nombreux talents à partager au cours de votre vie. On vous conseille de rester concentré sur la lumière, sachant qu'elle guidera vos pas.

Quand cette carte se montre, vous avez également l'opportunité de puiser dans le pouvoir de votre animal totem. Remarquez s'il vous arrive de voir régulièrement un certain animal, parce que sa médecine vous interpelle.

Observateur Céleste

Fixez votre regard toujours plus haut

Message express

Dépassez vos limitations et croyez que l'impossible est possible.

Origine

Vous souvenez-vous d'avoir fait un vœu en fixant une étoile quand vous étiez enfant, avec l'innocence de croire qu'il se réaliserait ? L'Observateur Céleste se connecte à l'énergie du cosmos et vous rappelle que vous avez la capacité d'attirer le soutien de l'Univers. Parée d'étincelles et de lumières, sa cape indique que vous êtes plus près que vous ne le pensez de cette énergie universelle – vous n'avez pas à sortir la chercher, elle est déjà là. Regardez au-delà de votre point de vue habituel et créez des rêves plus grands, des objectifs et des visions plus élevés, car avec le pouvoir et l'aide du cosmos, vos souhaits peuvent vraiment se réaliser.

Interprétation

Vous êtes au bord du miracle. Tous vos rêves et vos aspirations sont à portée de main, et vous êtes guidé pour vous concentrer sur votre vision. Les esprits protecteurs qui vous accompagnent vous encouragent. Il n'y a rien que vous ne puissiez obtenir ou réussir. Vous avez l'occasion en ce moment de guérir une ancienne blessure ou un schéma de manque et de sentiment d'incompétence. Autrefois, vous avez souvent cru impossible de reconnaître votre valeur et de croire que vous méritiez des bienfaits. La sagesse des anges et des ancêtres vous rappelle que vous êtes une étincelle incroyable et infinie de l'Univers qui non seulement est en vous, mais qui vous adore littéralement. Vous avez du talent, de la force et les capacités nécessaires pour réaliser vos rêves les plus fous.

Oracle

Attendez une information importante

Message express

Soyez ouvert et réceptif à l'information. Glanez des faits pour prendre une décision en accord avec votre intégrité.

Origine

L'Oracle est celui qui dit la vérité et qui provoque les visions. C'est l'ancêtre qui sera votre ami le plus franc – quelqu'un qui va vous dire précisément ce que vous devez entendre pour avancer. Dans votre coffret, cette carte est une réminiscence de l'oracle de Delphes, une prêtresse voyante de la Grèce antique qui était capable de recevoir l'information et de faire des prédictions. Elle tient un bol d'où sort une fumée sacrée qui apporte le message de regarder au-delà du visible et de récolter l'information pour faire une évaluation précise de votre situation actuelle.

Interprétation

Les esprits protecteurs et l'Univers vous parlent en ce moment. Observez et écoutez les conversations importantes, les signes et les messages qui vous montreront la bonne direction. On vous conseille d'attendre une information supplémentaire avant de bouger trop rapidement, parce qu'en ce moment, votre volonté contrecarre vos besoins. C'est une occasion pour vous aujourd'hui de voir clairement les choses, mais vous n'en serez capable que si vous voulez vraiment ouvrir les yeux. Si vous attendez une nouvelle information à propos d'une décision à prendre ou d'une action à entreprendre, ne commencez rien maintenant, laissez vos besoins se révéler. Vous saurez alors quoi faire ensuite. Les esprits vous soutiennent. Ayez confiance en eux.

Sage

Soyez dévoué et engagé

Message express

Ayez la volonté d'aller au bout du chemin et de revenir. Cela vous permettra d'être le meilleur possible.

Origine

Cette carte représente le Sage en vous. Quand elle se montre, elle indique que vous vous préparez à devenir un grand enseignant perspicace pour votre entourage. Elle vous conseille de prendre des notes, comme le yogi nomade de l'illustration, parce que votre savoir et vos expériences de vie peuvent transmettre des compréhensions à ceux qui sont en contact avec vous.

La carte du Sage concerne aussi l'observation et la prise de conscience de qui vous êtes et de tout votre travail intérieur, parce que cette nouvelle conscience apporte davantage de clarté à vos décisions.

Interprétation

La dévotion est une énergie puissante. En ce moment, les esprits protecteurs souhaitent reconnaître combien vous êtes engagé dans votre évolution. Votre dévouement assidu à cet aspect de votre vie a été reconnu, et votre compréhension du fait que vous n'êtes pas uniquement un corps, mais aussi une âme, est encore ce qu'il vous faut continuer à faire grandir et progresser. L'énergie de l'unité s'offre à vous maintenant et il est important de prendre le temps d'intégrer tout cela, afin que cela puisse vous guider et vous soutenir. C'est ce que le divin souhaite pour vous. Prenez note des expériences ou des maîtres qui se font connaître de vous en ce moment, parce qu'un jour, vous transmettrez ces messages à votre tour.

Seigneur

Assumez avec autorité

Message express

N'ayez pas peur d'assumer ou de donner de la voix. Soyez fort.

Origine

Le Seigneur est l'époux de la Dame, c'est l'Empereur pour le tarot traditionnel. Il représente le mâle autoritaire qui ne craint pas d'imposer sa loi. Mais cela ne signifie pas qu'il soit colérique ou machiste. Il a du sang-froid, il est ambitieux et fiable. C'est un homme d'honneur qui a gagné sa place dans la société.

Dans cet oracle, le Seigneur tient un bâton de bélier et porte une ramure, pour montrer son ferme enracinement à la terre et son rôle de protecteur du peuple. Son air majestueux dénote son goût pour les meilleures choses de la vie, mais il est cependant sensible à ceux qui sont moins fortunés que lui.

Interprétation

Vous devez parfois prendre le contrôle pour être respecté. Si vous pensez que votre gentillesse ou vos cadeaux sont considérés comme allant de soi, il est temps de changer de style. Un mauvais comportement n'a pas d'excuse, les esprits protecteurs vous encouragent à tenir votre espace et à dire vos vérités avec une bienveillance acharnée. Vous avez l'énergie et le pouvoir de surmonter les émotions ou les énergies qui n'œuvrent pas à votre épanouissement, et il est temps d'assumer avant de vous trouver dans une situation dont vous ne voulez pas. On vous encourage à être le maître au lieu du serviteur. Cette carte apporte également l'énergie de l'ambition et elle peut montrer que vous avez la capacité de monter les échelons dans votre profession – mais seulement si vous agissez avec autorité et montrez qui vous êtes vraiment.

Sorcière Blanche

Soyez la lumière

Message express

Prenez la route la plus haute et choisissez la lumière. Retirez-vous des expériences à basses énergies.

Origine

La carte de la Sorcière Blanche représente l'aspect « vierge » des trois déesses du paganisme et de la sorcellerie wicca moderne. La vierge est l'aspect doux, innocent et pur de la déesse, c'est une âme aimante qui veut seulement le bien pour la Terre tout entière. Sur l'illustration, elle est accompagnée du hibou duc, indiquant qu'elle souhaite respecter ceux qui possèdent plus de sagesse et d'expérience qu'elle, mais elle veut aussi croire ce qu'elle sent juste et bon en elle. Cette carte vous rappelle la bonté intérieure.

Interprétation

Peu importe ce qui vous arrive ou ce qui se passe autour de vous, vous avez le choix. Choisissez de ne pas entrer dans les drames, les chamailleries ou les énergies qui risquent de limiter votre joie. Si vous êtes entouré de gens qui vous sont hostiles ou qui détestent quelque chose, si vous êtes dans une situation négative, peut-être au travail, on vous invite à être la lumière. Vous êtes une personne incroyable qui peut réellement apporter la lumière. Alors, comment changer l'énergie ? Comment amener la conversation sur l'amour ? Comment vous protéger ? Comment pouvez-vous aider une personne qui est victime de harcèlement ? Ou bien êtes-vous celui qui est coupable d'avoir provoqué un drame ? Vous connaissez les réponses. Sachez aussi que vous êtes encouragé à offrir la lumière que vous êtes venu partager sur Terre.

Terre Mère

Sentez-vous aimé et rassuré

Message express

Autorisez-vous à être dorloté. La Terre Mère vous protège de son bouclier d'amour et de lumière.

Origine

La Terre Mère est le pendant féminin du Ciel Père. Il est de bon augure de recevoir cette carte, car dans les yeux et le cœur de la Terre Mère, vous êtes son enfant et elle est très protectrice avec son bébé, elle vous donnera tout ce dont vous aurez besoin pour grandir et vous développer.

La Terre Mère n'est vêtue que de simples feuilles sur cette carte, pour montrer la vulnérabilité de la planète. Elle doit chaque jour affronter des défis auxquels elle doit s'adapter et qu'il lui faut surmonter. Son énergie, représentée derrière elle par le symbole païen de la déesse triple – vierge, mère et vieille –, peut vous aider à vous adapter aux changements de vie qui surviennent.

Interprétation

Peut-être vous êtes-vous senti dépassé récemment, ou avez-vous perdu le contrôle de vos sentiments, mais vous êtes en train de revenir à votre centre naturel et cela vous mènera en un lieu de clarté et de franchise. Si vous étiez déstabilisé, comprenez que la Terre Mère est là pour vous enraciner et vous aider à retrouver votre force. Vous n'en avez sans doute pas l'impression, mais aux yeux du divin, vous êtes un enfant de lumière. Il est important que vous en soyez convaincu et que vous vous sentiez aimé.

Si vous avez eu des difficultés avec votre mère ou avec le fait d'être mère, sachez que les énergies de guérison maternelle sont avec vous pour participer à nettoyer tous les blocages ancestraux qui vous empêchent de finaliser cette connexion d'amour sacré. Vous êtes poussé à faire des choix centrés sur l'amour.

Voyageuse

Prenez une nouvelle direction

Message express

Accueillez toutes les occasions de voyager, dans le monde extérieur ou dans vos mondes intérieurs.

Origine

La carte de la Voyageuse représente l'esprit bohème qui vous habite. Vous avez l'occasion de prendre une nouvelle direction et la sagesse ancestrale vous encourage à l'accueillir les bras ouverts. Partir en voyage est un processus passionnant, parce que vous apprendrez beaucoup de choses, non seulement sur le monde, mais également sur vous-même. Cette carte sort souvent lorsque vous avez une chance de traverser un processus d'éveil et de comprendre encore mieux les qualités fantastiques que vous pouvez partager avec le monde extérieur. Ce genre de voyage est souvent solitaire, mais cela peut justement vous enseigner que vous n'êtes jamais vraiment seul, car vos esprits protecteurs sont là pour vous.

Interprétation

La route sur laquelle vous avancez n'est peut-être pas très fréquentée, mais ce voyage sera hautement bénéfique pour votre croissance émotionnelle et spirituelle. S'il n'est pas question de couvrir une distance en kilomètres, il s'agit de progresser en vous, car vous évoluerez à chaque instant. Rappelez-vous de faire les choses simplement et d'alléger votre fardeau, car cela rendra votre voyage plus agréable. Vous êtes aussi encouragé à voir jusqu'où vous êtes déjà allé et combien vous avez grandi en tant que personne, parce que cette reconnaissance vous soutiendra pour avancer. Et il y a de grandes chances que sur votre trajet, vous rencontriez de nouveaux amis et compagnons pour la vie.

Voyante

Voyez au-delà de la situation actuelle

Message express

Regardez au-delà de la situation actuelle. Élevez votre vibration et concentrez-vous sur l'amour.

Origine

La plupart des peuples indigènes ont un voyant dans la famille ou la tribu. Ce sont des êtres intelligents et intuitifs qui servent de canaux directs pour informer sur ce qui se passe dans le présent et sur ce qui va se dérouler. Leur énergie n'a pas pour but de prédire votre avenir, mais de vous montrer comment vos intentions le créent. Un vrai voyant vous aidera à voir ce qu'elles peuvent transformer et, par conséquent, vous aurez une vision de votre futur. Le message de cette carte est de laisser s'éveiller votre voyance intérieure afin de voir le chemin devant vous avec les yeux de l'âme.

Interprétation

La clairvoyance ne concerne pas uniquement la prédiction du futur, elle demande d'être capable de voir suffisamment clair pour créer le meilleur avenir possible. Vous êtes encouragé par vos guides et vos ancêtres à voir au-delà de ce que vous pensez comprendre des événements actuels. Ne laissez pas votre ego ni vos doutes se jouer de vous. Au lieu de vous croire coincé ou perdu, comprenez que vous êtes dans un espace énergétique d'attente où l'Univers recalcule un chemin plus favorable pour vous. Les êtres de lumière actualisent votre énergie pour que vos expériences soient plus agréables. Vous avancez vers quelque chose d'extrêmement édifiant et instructif, alors gardez votre sérénité et fixez des yeux la récompense.

Protecteurs et messagers

Ange gardien

Vous n'êtes pas seul

Message express

Prêtez attention aux signes et aux rappels de vos anges et de vos proches disparus qui sont près de vous. Souvenez-vous qu'ils sont toujours disponibles pour vous guider.

Origine

La carte de l'ange gardien est décorée d'une plume blanche qui est connue comme la « carte de visite de l'ange gardien». Quand une plume blanche apparaît dans votre vie et/ou que cette carte sort dans un tirage, c'est un message qui vous rappelle que votre ange gardien et vos guides ancêtres sont présents pour vous soutenir de tout leur amour. Si vous avez demandé de l'aide pour une situation quelconque, sachez qu'une intervention divine est à l'œuvre.

Interprétation

Chacun de nous a un ange gardien qui le suit depuis toutes ses vies antérieures et qui sera à ses côtés pour toutes les vies à venir. Comprenez alors que vous n'êtes jamais seul et ne le serez jamais. Cette carte vous rappelle puissamment qu'il y a toujours de l'aide et du soutien disponibles pour vous. Votre ange gardien est près de vous en ce moment pour soutenir tous vos efforts. Pour recevoir son aide, demandez-la d'abord, puis laissez faire le processus. Sachez que tout ce qui arrivera sera pour le plus grand bien.

Gardienne de la magie

Débloquez votre magie intérieure

Message express

Cessez de regarder à l'extérieur et reconnaissez que vous possédez un incroyable pouvoir en vous.

Origine

La « magie » est l'énergie de l'Univers qui vous permet de créer et de concrétiser grâce au pouvoir et à la focalisation de votre volonté. Elle change selon votre fréquence. La Gardienne de la magie représente l'esprit qui vous aide à réaliser ce que vous voulez. C'est elle qui accompagne les chamans et les sages quand ils font appel à cette énergie pour les aider à manifester ce dont ils ont besoin pour guérir et les soutenir sur leur chemin. C'est l'esprit de toute la magie qui est dirigée pour le plus grand bien de ceux qui travaillent avec elle.

Interprétation

Vous êtes la magie, vous êtes la réponse, vous avez tout en vous. Si vous attendez une réponse ou une raison de vous concentrer, reconnaissez que tout ce que vous cherchez se trouve déjà en vous. Vous êtes une personne puissante et magique qui peut diriger ses intentions et concrétiser ses désirs. Mais votre pouvoir ne deviendra puissant que si vous le maîtrisez. Il vous faut prendre le temps de l'admettre. Votre capacité à vous donner un objectif et à le réaliser est un véritable don qu'il vous est demandé de reconnaître maintenant.

Gardien de la médecine

Soyez ouvert à l'information de guérison

Message express

Écoutez ce qui monte en vous et ce qui est partagé avec vous par des personnes dignes de confiance dans votre vie. Faites en sorte de transmettre l'information.

Origine

Les esprits guérisseurs peuvent vous aider à guérir émotionnellement, spirituellement et physiquement grâce à leur énergie, mais ils peuvent également vous diriger vers l'information qui vous aidera à revenir à la plénitude. Quand cette carte apparaît, l'information qui peut aider à améliorer un aspect de votre situation actuelle vous est délivrée, que ce soit pour votre santé, vos relations ou votre carrière, alors soyez attentif. Le Gardien de la médecine tient un caducée qui représente la capacité de soigner par le pouvoir du désir et de la volonté, et un calice qui montre le retour à l'état de plénitude – un état où votre coupe n'est plus pleine mais débordante de bienfaits. La couleur émeraude de la carte représente les rayons de guérison de l'archange Raphaël et de ses anges guérisseurs.

Interprétation

Vous êtes exposé à une information et à des visions qui pourront améliorer votre vie de manière spectaculaire. Si vous traversez une période difficile mentalement ou spirituellement, sachez que des énergies spirituelles soutiennent votre guérison. Si vous connaissez des difficultés physiques, soyez particulièrement attentif à l'information qui vous parvient, qui vous inspire et vous réchauffe, car elle sera bénéfique pour vous. Vos esprits protecteurs sont là pour vous rappeler que votre état naturel est la plénitude et que vous êtes sur la bonne voie pour la retrouver.

Gardien de la Terre

Restez ancré et enraciné

Message express

Prenez le temps de vous connecter profondément à l'énergie de la Terre afin de vous sentir soutenu, et de prendre des décisions fondées sur la force et l'intégrité.

Origine

Le Gardien de la Terre représente les esprits de la Terre, qui offrent le sentiment de force et d'enracinement. Ils sont les protecteurs de la planète et du sol, et ils peuvent vous aider à vous connecter à votre mission ici-bas et à la manière de soutenir l'évolution de la Terre.

Sur cette carte, le Gardien de la Terre est un bel être mi-esprit, mi-élémental sans être binaire, prouvant qu'il peut se trouver un être divin sans genre humain associé. Son bâton décoré d'un attrapeur de rêves indique qu'il a la capacité de vous aider à ancrer vos rêves dans la réalité.

Interprétation

Il est important que vous ayez une approche ancrée de la situation actuelle. Si vous vous lancez dans la course ou prenez des décisions basées sur vos pires réactions de crainte, vous allez rater l'évolution que vous méritez. Prenez le temps de vous calmer et de vous enraciner avant d'aller plus loin. Relaxez-vous, respirez et connectez-vous à votre centre. Ensuite, réfléchissez à la marche à suivre. Il est important de semer des graines qui vont se transformer en magnifiques plantes plutôt que de laisser grandir des herbes folles qu'il vous faudra gérer !

Gardien des directions

Choisissez votre voie

Message express

Connectez-vous à vos désirs les plus profonds, puis choisissez le chemin qui enchante votre cœur et votre âme.

Origine

La carte du Gardien des directions représente les esprits des points cardinaux. Ces esprits étonnants sont ceux qui viennent à nous quand nous sommes à la croisée des chemins et ne savons lequel choisir – quand nous ne sommes pas sûrs de ce qui est bon pour nous ou quand nous avons perdu la vue d'ensemble. Ils peuvent nous aider à savoir ce qui est le mieux pour toutes les personnes concernées.

La carte du Gardien des directions se réfère à la vision d'Ézéchiel, le prophète hébreu qui disait avoir vu un esprit sous quatre visages différents : l'un était un enfant (chérubin), l'autre un taureau, le suivant un lion et le dernier un aigle. Ces quatre visages montrent que les esprits peuvent apparaître sous de nombreux déguisements pour nous guider dans de nombreuses directions – mais toujours pour notre plus grand bien.

Interprétation

Votre voie n'est pas encore définie, et vos esprits et guides n'ont pas d'attentes envers vous. Vous ne devriez pas en avoir non plus. Il y a de nombreuses directions à votre disposition. Aucune n'est mauvaise, puisqu'elles détiennent toutes des opportunités de grandir et d'apprendre. Mais la vie est à apprécier et à savourer, alors si vous avez une décision à prendre, et surtout si vous êtes indécis, choisissez la voie qui vous éclairera le plus. Et faites-le de tout votre cœur.

Gardien du feu

Enflammez vos passions

Message express

Connectez-vous à vos désirs. Les étincelles devraient mener à quelque chose de splendide.

Origine

Le Gardien du feu représente les esprits du feu. C'est une énergie qui effraie beaucoup de gens, à tort. Les désirs ardents peuvent engendrer une grande expansion. Laissez le Gardien du feu éveiller votre côté sauvage et consumer la peur et la honte qui s'interposent entre vous et vos désirs. Lorsque cette carte apparaît, elle vous rappelle que la passion est puissante et totalement encouragée par l'esprit.

Interprétation

Vos esprits vous guident en ce moment pour vous connecter à la puissante énergie du désir. Si vous avez récemment posé l'intention d'explorer votre côté sexuel ou d'être plus ouvert sexuellement, le feu du désir peut consumer les anciens échecs qui vous empêchent d'exprimer cette part de votre nature. Si vous êtes en couple, cette carte indique une grande complicité physique et spirituelle.

Gardienne de l'air

Changez vos perceptions

Message express

Changez votre façon de penser et toute votre réalité se transformera.

Origine

La carte de la Gardienne de l'air représente les esprits de l'élément air. Cet élément concerne traditionnellement les pensées, les idées et tout ce qui se passe dans le mental. Ces esprits peuvent donc vous aider à surmonter toutes les anciennes pensées qui reviennent vous hanter, et à voir le monde plus clairement. Ils vous guident pour transformer votre manière de penser à certaines situations, car cela s'interpose entre vous et votre envergure.

Interprétation

Quand cette carte se montre, c'est une occasion d'apprendre quelque chose sur votre façon de penser. On vous conseille de reconnaître que tout ce que vous voyez n'est pas exactement comme vous le voyez. Le mental nous joue parfois des tours et nos perceptions peuvent aussi se tromper. Si vous avez des difficultés ou si vous sentez que votre vie manque de clarté et de direction en ce moment, il est probable que votre manière de penser ou le sujet sur lequel vous vous concentrez soit en cause dans cette réalité. On vous conseille d'ouvrir les yeux et l'esprit, de dépasser les limites que vous vous êtes imposées et de reconnaître que votre manière de voir le monde détermine ce que vous expérimentez. Les opportunités viennent à vous, mais elles ne s'ouvriront que si vous êtes prêt à faire le travail intérieur qui les soutiendra.

Gardienne de l'eau

Connectez-vous à vos émotions

Message express

Prenez le temps de comprendre comment vous vous sentez réellement. Sachez que votre sensibilité n'est pas une malédiction, mais un don qui vous permet de recevoir et de comprendre les messages directement depuis votre âme.

Origine

L'eau est un élément qui se trouve dans le sang, les larmes et la chair. La Gardienne de l'eau représente les esprits de l'eau, qui peuvent vous aider à plonger en vous pour sonder les profondeurs de vos émotions. Ces esprits sont dédiés à vous montrer que vos émotions ne sont pas de simples remous à la surface, mais que certaines d'entre elles, très anciennes, sont enfermées au plus profond des recoins sombres de votre âme. En vous aidant à reconnaître ces émotions enfouies, les esprits de l'eau vous permettent d'entendre les messages qu'ils ont pour vous et de débloquer vos pouvoirs intuitifs ainsi que les énergies de l'abondance.

Interprétation

Vos esprits veulent vous faire savoir qu'il est normal de ressentir les émotions qui remontent en vous en ce moment. Peu importe qu'elles soient tristes ou joyeuses, toutes sont des messagers puissants qui vous font comprendre vos besoins et vos désirs. Prendre le temps de respirer et de les reconnaître leur permet de circuler en vous au lieu de vous submerger comme un tsunami. Remarquez que des messages intuitifs montent également en vous en ce moment, car il se peut que vous ayez raté des conseils importants qui vous auraient guidé vers plus de soutien et d'amour.

Gardienne des animaux

Ayez confiance en vos instincts

Message express

Faites confiance au puissant esprit animal en vous pour apprendre davantage sur vous et sur vos talents.

Origine

La Gardienne des animaux est la carte qui représente les esprits du royaume animal. Les animaux sont des esprits de la nature qui ont des leçons incroyables à offrir et une médecine qui peut vous soutenir sur votre chemin spirituel pour vous aider à survivre aux pires difficultés. Quand vous vous connectez à l'énergie des animaux, vous apprenez beaucoup sur vous-même et sur la Terre. Vous possédez aussi une énergie animale instinctive qui vous dirige vers tout ce dont vous avez besoin (et même davantage).

La carte de la Gardienne des animaux montre un esprit tribal soutenu par ses animaux. L'esprit éprouve de l'amour pour eux et les animaux l'aiment en retour, montrant combien la nature est formidablement connectée aux royaumes spirituels.

Interprétation

Vous avez un puissant esprit animal en vous qui peut être sauvage, protecteur, instinctif ou calme. Les animaux ne réfléchissent pas à leurs sentiments, ils les expriment simplement, et vous pouvez en tirer des leçons. Quand la carte se montre, il est important de vous connecter à ce que vous ressentez vraiment. Prenez le temps de vous relier à votre énergie animale et de l'exprimer naturellement. Laissez même l'énergie la plus ardente vous traverser avant de revenir à votre état naturel. Cela vous apprendra beaucoup sur vos dons et sur la manière de les faire progresser.

Gardienne du cœur

Aimez et laissez-vous aimer

Message express

Accueillez à bras ouverts les occasions de donner et de recevoir de l'amour.

Origine

La Gardienne du cœur est une énergie angélique qui peut vous aider à demander la protection et la guidance pour toutes les questions concernant le cœur. C'est essentiellement l'esprit protecteur qui vous assiste dans toutes vos relations, que ce soit avec vous-même, votre famille ou un partenaire amoureux. L'assistance de cet esprit vous permet de dépasser vos peurs limitatives, de discerner la personne à qui accorder votre confiance et de comprendre comment avancer dans une relation équilibrée avec cette personne. Sur cette carte, l'esprit est paré d'un cœur sacré et drapé d'une cape rouge pour montrer sa capacité à laisser l'amour le guider.

Interprétation

Vous êtes amour, vous êtes aimable et aimant. L'énergie de l'amour entoure votre univers entier à cet instant. Les esprits virevoltent autour de vous, ils vous encouragent à ouvrir votre cœur et à révéler les bienfaits que vous avez à offrir. Ils veulent que vous sachiez que vous êtes un être très aimant qui mérite de donner et de recevoir de l'amour. Si vous trouvez difficile de tomber amoureux en ce moment, il est important que vous le reconnaissiez. Vous êtes aussi encouragé à accueillir le soutien des autres. Apprenez à recevoir – n'essayez pas de tout faire par vous-même. Si vous cherchez une nouvelle relation ou si vous êtes depuis récemment en couple, cette carte peut déclencher des énergies qui vous permettront de forger une puissante connexion avec votre partenaire. L'amour est en chemin !

Gardienne du miroir

Prenez le temps de réfléchir

Message express

Prenez un moment pour réfléchir à vos forces et à vos difficultés, ainsi qu'au chemin parcouru. Reconnaissez vos talents.

Origine

Les esprits vous acceptent tel que vous êtes. Même quand vous traversez une période difficile, ils vous tiennent toujours en haute estime. La Gardienne du miroir, un esprit féminin qui scrute le miroir de la vie, vous invite à observer votre force spirituelle et votre beauté – pour vous voir comme les esprits vous voient.

Le miroir représente le fait que vos croyances et idées de base sont en fait ce qui vous est renvoyé par votre monde. Votre vie est un grand reflet de ce que vous ressentez intérieurement, et la Gardienne du miroir vous aide à le reconnaître. Quand cette carte apparaît, vous êtes invité à prendre un moment de recul pour voir où vous en êtes à cet instant.

Interprétation

Vous êtes un être magnifique qui a surmonté de nombreux défis et grandi de bien des manières. Vos esprits vous conseillent maintenant de faire l'inventaire de votre vie – en prenant le temps de noter toutes vos dernières expériences : les difficultés que vous avez surmontées, les forces que vous avez développées et les leçons que vous avez apprises. Vos esprits veulent que vous réfléchissiez sur vos forces, en particulier sur les aspects de vous que vous sentez incompris des autres. Offrez-vous l'approbation qui vous est due et sachez que si vous reconnaissez votre mérite, les autres pourront en faire autant.

Gardienne protectrice

Laissez tomber vos défenses

Message express

Abandonnez tous les boucliers de honte, de résistance et de peur qui font obstacle entre vous et vos occasions de plaisir et de joie. Comprenez que vous n'avez pas à cacher qui vous êtes ni les dons que vous possédez. Vous êtes né pour briller.

Origine

La Gardienne protectrice est une version féminine de l'archange Michaël. C'est un esprit guerrier, ardent et protecteur et pourtant bienveillant. Elle arbore un bouclier de pouvoir et de protection indestructible et elle porte assistance à ceux qui l'appellent. Elle vous aidera à abandonner vos défenses dues à la peur et à entrer dans un champ de force bienveillant et protecteur qui assurera votre sécurité en permettant à vos talents de briller. Bien qu'elle soit là pour vous protéger des énergies basses, elle est complètement détendue, sereine et confiante, parce qu'elle sait que l'amour l'emporte toujours.

Interprétation

Vous avez peut-être connu la honte et l'embarras autrefois, mais ce n'est plus d'actualité. Les esprits s'approchent de vous maintenant pour vous aider à dépasser vos pensées limitatives ainsi que vos émotions et vos schémas d'insécurité. Sachez que la protection angélique tourne autour de vous en ce moment même, pour vous aider à avancer avec davantage d'audace. Appelez vos guides pour parvenir à changer de fréquence afin de vous sentir en sécurité à partir de maintenant. Vous êtes plus fort que vous ne le croyez, et vos esprits et ancêtres sont là pour vous aider à le comprendre enfin.

Symboles guerriers

Aigle

Prenez de la hauteur

Message express

Regardez les choses sous un angle différent. Volez plus haut pour distinguer de nouvelles possibilités.

Origine

Pour la médecine des animaux, qu'elle soit amérindienne ou celte, l'aigle tire son pouvoir et sa force du soleil. C'est un guide puissant, fort et courageux, capable de voir à des kilomètres. Son approche des choses est intelligente, gracieuse et assurée, et il a la capacité d'échafauder ses plans depuis tout là-haut avant de les mettre en action. Quand la carte de l'Aigle apparaît dans un tirage, elle indique que vous avez une vraie capacité à prendre de la hauteur et à dépasser les limitations de votre ego et de vos désirs personnels.

Interprétation

La médecine de l'Aigle tourbillonne autour de vous et vous encourage à reconnaître que vos points de vue sont peut-être limités en ce moment. Se pourrait-il que votre propre désespoir, vos besoins ou votre ego vous empêchent de voir le potentiel compris dans la situation actuelle ? Si d'autres personnes sont impliquées, il vous est conseillé de regarder les choses du point de vue de chacune. Si vous sentez le besoin de changer quelque chose, comment pouvez-vous prendre la route la plus élevée ? Sachez que si vos intentions ne sont pas pour le meilleur, vous serez retenu en arrière. La médecine de l'Aigle vous aide à changer cela. L'Aigle offre l'amour et l'énergie de guérison directement du Ciel Père et vous invite à toujours agir à partir d'un espace d'amour.

Cerf

Ayez confiance et prospérez

Message express

Vivez pleinement et prospérez. Restez dans la lumière et la gloire avec grâce et majesté.

Origine

La carte du Cerf apporte une médecine puissante et gracieuse dans votre vie. Dans les traditions celtes, le cerf, porteur de bois et d'une couronne, était le roi de la forêt. C'est un totem qui offre sa protection dans les périodes difficiles. Dans les traditions amérindiennes, il est adulé pour avoir procuré de la nourriture au peuple et des matériaux permettant de créer des objets de médecine comme les tambours, les crécelles et les éventails à fumée. Bien que le cerf ait été chassé autrefois, et qu'il le soit encore, il garde sa force, sa dignité et son aplomb. Quand cette carte apparaît, elle représente aussi la fertilité et la sexualité – peut-être une occasion d'explorer votre côté sexuel, avec le soutien de votre intégrité spirituelle dans cette voie.

Interprétation

Vous avez une opportunité de grandir. Croyez en tout ce que vous avez à offrir – vos dons, vos forces et votre pouvoir – et tirez-en le meilleur. Vous êtes né pour diriger et cela ne se réalisera que lorsque vous voudrez prendre cette position. L'énergie du Cerf vous permet de vous sentir en sécurité, parce que ses bois repoussent tout ce qui pourrait interférer avec votre intelligence et votre présence, et leur force vous donne le pouvoir d'une pensée agile. Vous êtes encouragé à conserver votre dignité, à être fier de qui vous êtes et de tout ce que vous avez accompli. Cela vous donnera en retour davantage de capacité de prospérer. En avant, toujours plus haut!

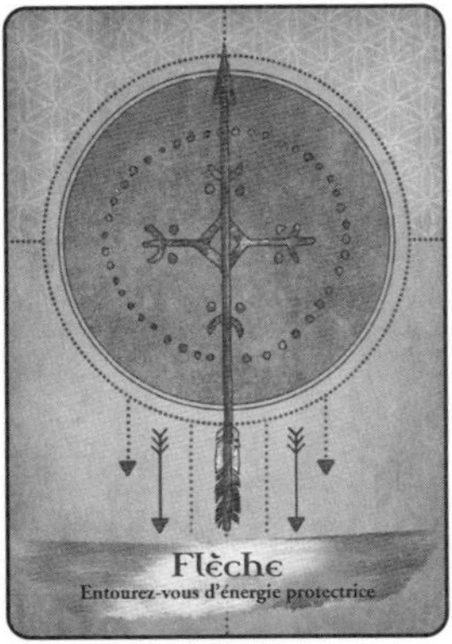

Flèche

Entourez-vous d'énergie protectrice

Message express

Entourez-vous de personnes positives, d'ambiances et d'expériences qui vous font vous sentir à l'aise. Appelez vos esprits protecteurs, vos guides et ancêtres pour vous apporter leur protection.

Origine

Les flèches sont vénérées depuis longtemps comme symboles de protection, car de nombreux peuples premiers les utilisaient comme armes de défense. Quand une flèche apparaît en rêve, en méditation ou en tirage, c'est le moment de vous protéger ainsi que ce qui est important pour vous, parce que tout le monde n'a pas les mêmes priorités que vous. Cela ne signifie pas que les gens soient mal intentionnés, mais qu'ils pourraient faire des choix et des actes inconsidérés, susceptibles de vous affecter. Certaines énergies qui vous entourent pourraient baisser votre vibration et il est important que vous en soyez conscient afin de ne pas vous laisser entraîner vers le bas.

Interprétation

Si vous vivez une situation où vous sentez que tout n'est pas aussi clair qu'il n'y paraît, croyez votre intuition. Il y a des énergies dans la situation actuelle qui ne sont pas pleinement alignées sur vos objectifs et intentions, ni sur la bonté. Suivez votre intuition pour savoir à qui faire confiance ou non. Si vous pouvez prendre le temps de vous retirer ou de sortir de cette situation pour évaluer ce qui est bon pour vous, faites-le. Pour chaque événement, il y a un temps pour appeler l'énergie de protection et pour vous mettre dans un espace de sécurité.

Flèche brisée

Embrassez l'énergie de paix

Message express

Lâchez prise du besoin de vous défendre et préparez-vous à diffuser la paix. Vous êtes en sécurité.

Origine

Tout comme la carte de la Flèche symbolise la protection et la défense, la Flèche brisée symbolise la paix. Dans les traditions amérindiennes, elle signifie que les tribus ne se combattent plus mais signent des alliances.

Quand vous voyez une flèche brisée en méditation, en vision, en rêve ou en tirage, c'est le signe que vous n'avez plus besoin de lutter, car la paix est arrivée. C'est un puissant symbole d'harmonie, de sérénité et de communauté.

Interprétation

Si vous avez été exposé à une situation qui a éveillé en vous le besoin de vous protéger ou de défendre ce que vous trouvez juste, sachez qu'elle arrive à son terme. La carte de la Flèche brisée vous conseille de comprendre que les énergies de lumière pénètrent en vous pour nettoyer toute l'obscurité. Vous pouvez laisser tomber vos boucliers protecteurs. Vous êtes maintenant dans une situation qui va vous respecter et respecter vos besoins. Les disputes se terminent et les désagréments se résolvent. Préparez-vous à négocier et à diffuser la paix que vous aimeriez partager. Afin d'avancer sans crainte, il est important que vous laissiez tomber l'idée que vous pourriez être blessé par la situation ou les gens concernés, parce que cela travaille contre vous. Sachez que vos guides angéliques et vos ancêtres se tiennent près de vous, vous protègent et vous accompagnent avec amour sur le chemin.

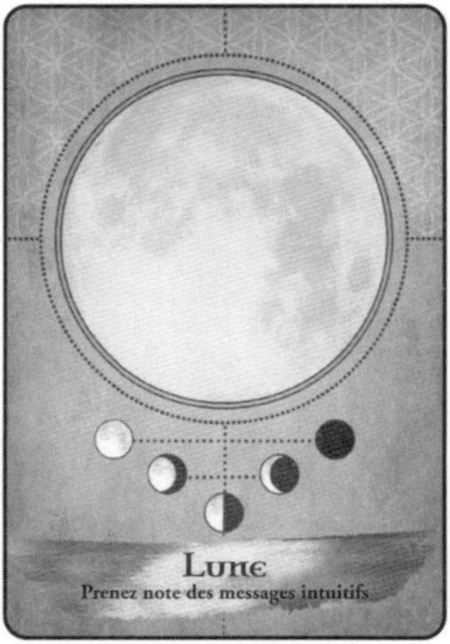

Lune

Prenez note des messages intuitifs

Message express

Utilisez votre intuition. Pratiquez le discernement. Voyez au-delà des illusions et des blocages.

Origine

La Lune est fermement associée au féminin divin et à l'énergie du recevoir. Si le Soleil est Dieu, la Lune est Déesse, elle offre ainsi une puissante énergie de polarité et d'équilibre. Son énergie est cyclique, et par conséquent fortement connectée aux émotions, qui souvent vont et viennent par vagues. Elle est liée à un comportement assez spécial qui fait qu'à son tirage, on vous dit souvent que tout ne va pas comme il semblerait. La Lune a un côté sombre (mais pas négatif) et elle peut vous dévoiler ce qu'on ne vous a jamais dit.

Interprétation

Les énergies lunaires entourent votre vie et vous permettent de comprendre ce qui vous empêche d'avancer. Tout n'est pas comme il y paraît et il vous est conseillé d'utiliser votre discernement. Quand la Lune apparaît, les pulsions intuitives ou psychiques s'accroissent, alors notez bien les sentiments qui vous viennent en ce moment. Ce sont des messages pour votre âme et pour les esprits. La Lune éclaire tout ce qui était resté dans l'ombre, demandez-vous si vous avez évité quelque chose ou refusé de vous occuper d'une chose importante. Si c'est le cas, cela peut vous retenir dans l'ombre alors que votre destin est de vivre dans la lumière. Si cette carte apparaît alors que vous sentez qu'une personne n'est pas complètement franche avec vous, sachez que ses intentions vous seront révélées. La Lune ne garde pas de secrets – elle les révèle tous.

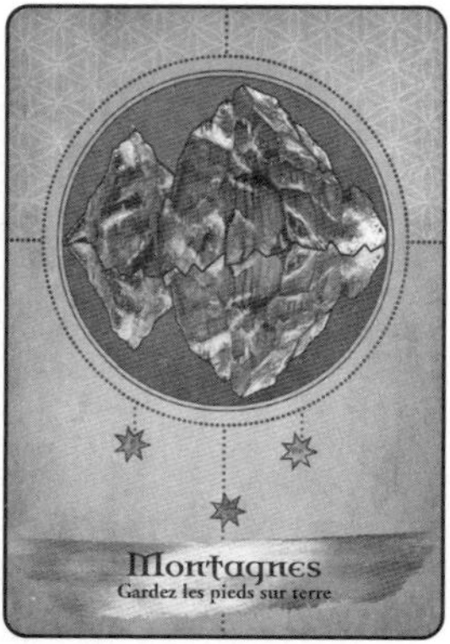

Montagnes

Gardez les pieds sur terre

Message express

Gardez fermement vos convictions, car vous avez parfaitement raison. Sachez que le Ciel et la Terre vous soutiennent.

Origine

Les montagnes sont robustes et pleines de sagesse. Elles sont profondément enracinées dans la terre et montent très haut dans le ciel. Elles sont là depuis des milliers d'années. Elles ont abrité des animaux, des humains les ont escaladées et elles ont vu passer bien des saisons. Quoi qu'il leur soit arrivé, elles sont restées fortes, immuables et inébranlables. Elles offrent donc les énergies spirituelles de la force et de la résilience.

Interprétation

L'énergie de la montagne est puissante, car elle est fermement enracinée dans la Terre Mère et ses sommets pointent haut vers le Ciel Père. Si vous vous sentez en difficulté ou sous pression en ce moment, sachez que votre esprit est plus fort que vous ne le pensez. Vous êtes résilient et ancré. L'énergie et l'air des montagnes vous insufflent la force inébranlable de rester qui vous êtes. Prenez le temps de vous enraciner profondément dans la terre avant d'accueillir les énergies célestes. Si vous ne savez pas ce qu'il vous manque pour continuer, la carte de la Montagne vous invite à rester exactement où vous êtes, à parler de vos doutes à votre entourage tout en sachant que le changement viendra à vous. Vous serez comblé à la fin de la situation actuelle, qui ne sera plus un obstacle à votre future expansion.

Serpent

Faites peau neuve

Message express

Débarrassez-vous de vos vieilles habitudes. Révélez au monde vos vraies couleurs, vos talents et vos dons.

Origine

Dans de nombreuses traditions spirituelles, le Serpent offre une médecine puissante. Pour les enseignements tantriques, il symbolise la kundalini, la formidable énergie serpentine qui nous permet d'atteindre notre potentiel spirituel le plus élevé. Quand les êtres sacrés voyaient un serpent dans la nature ou en rêve, ils savaient qu'une transformation allait venir. Pour moi, la carte du Serpent représente non seulement la chute de l'ancienne peau, mais également un dépassement des limitations dues au venin des pensées négatives venant des autres ou du passé.

Interprétation

L'énergie du renouveau déferle dans votre vie en ce moment. Si, pour une raison quelconque, vous sentez que votre être véritable n'a pas été reconnu ou que vous êtes incompris, sachez que cette énergie lourde vous quitte à présent. Comme vous avez travaillé sur vos histoires anciennes et sur toutes les croyances limitatives que vous avez accumulées, vous avez retiré l'enveloppe de peau qui avait créé vos expériences restrictives. Votre engagement personnel à évoluer a été reconnu et le monde extérieur va maintenant commencer à refléter tout le travail intérieur que vous avez accompli. Si vous sentez qu'une personne proche vous a mal compris récemment, elle reviendra sur son jugement si vous acceptez de reconnaître vos propres difficultés. Voici un temps de renouveau, d'abondance et de connexion. Accueillez votre renaissance et réjouissez-vous.

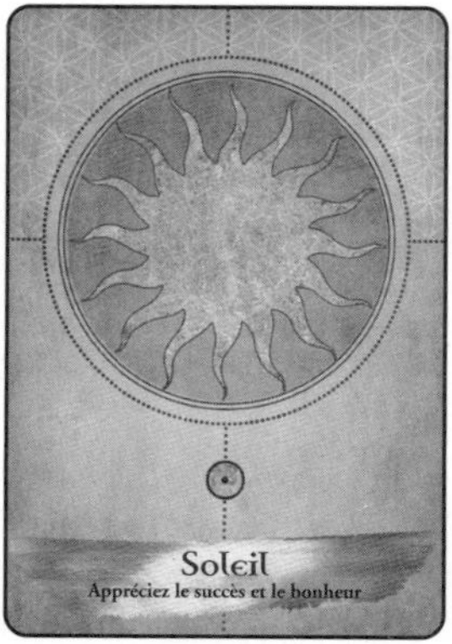

Soleil

Appréciez le succès et le bonheur

Message express

Découvrez que les portes s'ouvrent devant vous. Exploitez de nouveaux projets, de nouvelles idées et aventures. Connectez-vous au feu intérieur qui vous pousse en avant.

Origine

Le Soleil a longtemps été associé à l'énergie du succès – c'est l'astre le plus puissant du Système solaire. Alors, évidemment, lorsque la carte du Soleil apparaît dans un tirage, elle indique le pouvoir, la réussite et la lumière. Elle éclaire toutes les connexions, bannit l'obscurité, apporte une idée de jeunesse et vous invite à retrouver l'énergie de la joie qui allège le cœur et l'esprit.

Interprétation

Vous êtes maintenant baigné de la brillance du Soleil. Les opportunités de réussite virevoltent autour de vous. Les relations et les amitiés progressent dans la joie et votre moral est au beau fixe. Si vous n'êtes pas complètement optimiste en ce moment, vous aurez d'autres manières d'apprécier la chaleur et la joie. L'énergie solaire apporte la santé et la vitalité, elle réchauffe et dynamise, et elle encourage l'épanouissement. Une énergie d'expansion vous accompagne en ce moment et vous offre l'opportunité idéale pour avancer. Si vous voulez concrétiser quelque chose ou si vous êtes prêt à franchir un cap dans une relation, le Soleil vous apportera l'énergie adéquate. Si vous posez une question, vous êtes assuré que la réponse sera *oui*!

Tambour

Rêvez et voyagez

Message express

Faites un voyage intérieur pour découvrir les visions et informations importantes pour votre chemin. Puis suivez les conseils.

Origine

Dans les traditions chamaniques des quatre coins du monde, le tambour a sa place comme outil principal utilisé par les hommes et les femmes médecine pour diriger leur volonté et faciliter la méditation. Un battement régulier peut devenir hypnotique et faire passer les auditeurs dans un état altéré qui leur permet de voyager dans les royaumes spirituels et de rencontrer leurs guides. Quand la carte du tambour apparaît dans un tirage, vous avez des occasions de rêver ou d'amener une vision intérieure à la réalité.

Interprétation

Vous êtes très connecté aux autres mondes en ce moment. Vous êtes entouré de la sagesse et de l'intelligence de la Terre et de sa magie. Faisant écho au battement de cœur de la Terre Mère, le Tambour a balayé la poussière et les toiles d'araignée de votre écran intérieur. Ce que vous avez vu dans vos rêves et vos visions n'était pas le fruit de votre imagination, mais une guidance, particulièrement si c'était répétitif, et vous avez le potentiel pour la concrétiser. Les rêves se réalisent – comprenez-le et vivez-le.

Saisons

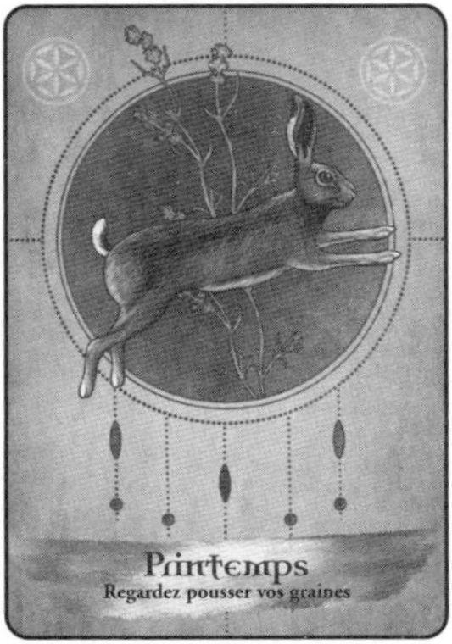

Printemps

Regardez pousser vos graines

Message express

Embrassez les changements qui se profilent à l'horizon. Permettez à vos rêves de se réaliser.

Origine

Le printemps est une période exaltante parce qu'elle possède un grand potentiel. Les animaux sortent de l'hibernation, les fleurs sortent du sol et les jours se font de plus en plus clairs. Un lièvre illustre la carte du Printemps, parce qu'en médecine animale celte, c'est lui qui apporte l'intuition et la renaissance. Les lièvres sont des animaux très fertiles et leur médecine permet de réaliser les rêves.

Interprétation

Vous êtes prêt à donner vie à vos idées, inspirations et projets. Quand cette carte apparaît, vous entrez dans un espace qui vous permet vraiment de croître, de prospérer et de créer d'une manière que vous n'avez jamais connue auparavant. Vous avez des opportunités de connaître l'abondance, y compris financière, et si vous démarrez quelque chose de nouveau, préparez-vous à une expansion majeure de votre vie et de votre âme.

Quand la carte du Printemps se montre en position de futur dans une disposition, ou comme dernière carte d'un tirage, elle indique aussi que le prochain printemps marquera le début d'énergies importantes en rapport à votre question ou à vos intentions.

Été

Lézardez dans la joie et la lumière

Message express

Levez-vous, ouvrez vos ailes et resplendissez. Sortez vos projets à la lumière pour les concrétiser.

Origine

L'été est toujours connu comme une période propice à la joie, à l'aventure et aux souvenirs heureux. Les fleurs sont épanouies, les animaux apprécient la liberté de la nature jour et nuit, les gens prennent des vacances, se dorent au soleil et font le plein de dynamisme dans la lumière et la chaleur.

Interprétation

C'est l'occasion parfaite pour que vous récoltiez les fruits de votre travail. La lumière est venue bannir l'obscurité. La clarté d'esprit l'accompagne, qui vous permet de savoir exactement où vous en êtes et comment vous pouvez progresser. Les esprits et les guides ancêtres vous encouragent à apprécier cette période et à ne pas vous précipiter, parce que c'est un moment de plaisir, de divertissement et d'expansion. Vous avez de grandes chances de sentir un regain d'énergie, de créativité et d'inspiration pendant l'été – remarquez ce qui vient à vous, car cette inspiration est de source divine.

Quand la carte de l'Été se montre en position de futur dans une disposition, ou comme dernière carte d'un tirage, elle indique aussi que le prochain été marquera le début d'énergies importantes en rapport à votre question ou à vos intentions.

Automne

Abandonnez les vieilles habitudes

Message express

Libérez toute la pression et les attentes qui vous alourdissent. Abandonnez tout cela pour guérir avant d'entrer dans une période de renouveau.

Origine

En automne, les arbres se préparent pour le long hiver gelé. Ils doivent se délester de tout le poids qu'ils portent afin de continuer à croître et à prospérer. Il vous faut parfois aussi abandonner un aspect de vous-même pour continuer à grandir et à vous améliorer.

Le corbeau sur la carte de l'Automne indique qu'il existe une opportunité de guérison en ce moment. Pour la médecine animale celte, le corbeau est un oiseau de guérison et d'initiation. Il offre un changement qui permet d'entrer dans un espace plus fortement médiumnique où vous devenez plus conscient de vos besoins et désirs, et où vous êtes mieux soutenu.

Interprétation

Vous savez ce qui est lourd et ce qui vous retient en arrière. Est-ce une personne, une situation, un rêve ? Comme les arbres qui laissent tomber leurs feuilles et leurs fruits en automne, il est temps de vous délester. Quand vous vous agrippez, vous essayez de contrôler la réalité, et ça ne marche jamais. Quand vous lâchez prise, vous faites de l'espace pour la nouveauté dans votre vie. Vous êtes guidé par vos esprits protecteurs et par la nature elle-même pour libérer tout ce qui vous empêche de progresser. Et vous pouvez le faire.

Quand la carte de l'Automne se montre en position de futur dans une disposition, ou comme dernière carte d'un tirage, elle indique aussi que le prochain automne marquera le début d'énergies importantes en rapport à votre question ou à vos intentions.

Hiver

Respectez vos besoins

Message express

Faites tout ce qu'il faut pour être au mieux. Puis dépassez vos peurs et vos limitations.

Origine

Pour la plupart des animaux, l'hiver est une période d'hibernation et de retraite. Vous avez peut-être envie de vous rouler en boule vous aussi. Cependant, bien que vous ne vous sentiez pas aussi brillant que vous l'aimeriez, une force originelle intérieure vous encourage à persévérer.

Un loup illustre la carte de l'Hiver, car c'est l'un des animaux qui restent actifs toute l'année. Les loups savent ce que sont le travail en solitaire et la réussite en meute, et si vous ressentez un besoin de solitude en ce moment, sachez que la médecine du loup vous aidera à surmonter le sentiment d'insécurité et à vous détendre dans votre espace personnel.

Interprétation

Vous avez une occasion de dépasser vos peurs. Même si vous vous sentez dans l'obscurité, soyez à l'aise avec l'inconnu et sachez que votre lumière intérieure vous guidera. Demandez-vous ce dont vous avez besoin pour rester vivant et avoir du soutien. Vous découvrirez peut-être une chose du passé que vous aviez profondément refoulée. Comprenez que lorsque vous la déterrerez et la mettrez en lumière, vous ouvrirez un espace pour les miracles. Peut-être vous sentez-vous comme le loup solitaire en ce moment, mais il est temps de devenir le meilleur!

Quand la carte de l'Hiver se montre en position de futur ou comme dernière carte d'un tirage, elle annonce des énergies importantes en rapport avec votre question ou avec vos intentions.

À PROPOS DE L'ARTISTE

Lily Moses est une artiste dont l'œuvre s'inspire de la beauté de la vie qui se trouve en toute chose, visible ou invisible.

Créé principalement à l'acrylique, aux crayons et à la feuille d'or, chaque tableau raconte l'histoire d'un processus alchimique qui s'adapte à notre époque par l'utilisation de symboles et d'archétypes issus de mythes et de légendes.

Lily est née en Nouvelle-Zélande et a déménagé en Australie à l'âge de douze ans. Elle vit actuellement dans le Queensland, en Australie, où elle travaille comme artiste à plein temps.

À PROPOS DE L'AUTEUR

Kyle Gray a fait des rencontres spirituelles dès son plus jeune âge. Il n'avait que quatre ans lorsque sa grand-mère est venue lui rendre visite depuis l'autre monde.

En grandissant, Kyle a conservé sa capacité à entendre, voir et sentir ce qui se passe au-delà des sens physiques, ce qui l'a mené à découvrir à l'adolescence la puissance et l'amour des esprits.

Aujourd'hui, il est l'un des experts les plus branchés et recherchés de sa catégorie. Avec son pouvoir bien à lui de garder les pieds sur terre, il réintroduit l'idée des esprits et de la spiritualité de manière accessible. Il pense pouvoir ancrer les connaissances spirituelles anciennes dans le monde moderne pour aider le lecteur d'aujourd'hui.

Kyle se déplace dans le monde entier, et ses conférences dans toute l'Europe font salle comble. Basé à Glasgow, en Écosse, il est l'auteur de six livres et de trois coffrets de cartes.

kylegrayuk **@kylegrayuk**

kylegray.co.uk

Notes

Notes

Notes

Mère Médecine
Respectez votre connaissance intérieure

Fille au Bouclier

Planifiez et concentrez-vous

Terre Mère

Sentez-vous aimé et rassuré

Gardien de la médecine
Soyez ouvert à l'information de guérison

Grand Maître

Apprenez de vos expériences spirituelles

Soleil

Appréciez le succès et le bonheur

Ancêtre des Étoiles

Suivez la voix de votre âme

Ange gardien

Vous n'êtes pas seul

Ciel Père

Ayez confiance en l'inconnu

Ancêtre

Dépassez les schémas ancestraux

Hiver

Respectez vos besoins

Métamorphe
Transformez-vous et dévoilez vos dons

Ermite

Retirez-vous pour vous ressourcer

Printemps

Regardez pousser vos graines

Cerf

Ayez confiance et prospérez

Femme Louve
Débridez votre nature sauvage

Grande Prêtresse
Maîtrisez le pouvoir mystique

Flèche brisée

Embrassez l’énergie de paix

Guerrier

Soyez sans peur et tenez bon

Druide

Préservez votre espace

Voyageuse

Prenez une nouvelle direction

Chaman

Ayez foi dans les forces supérieures

Tambour

Rêvez et voyagez

Grand Prêtre

Projetez et créez

Montagnes

Gardez les pieds sur terre

Gardien des directions
Choisissez votre voie

Gardienne de la magie
Débloquez votre magie intérieure

Gardienne de l'air
Changez vos perceptions

Gardien du feu
Enflammez vos passions

Aigle

Prenez de la hauteur

Chevalier
Soyez courageux et honnête

Lune

Prenez note des messages intuitifs

Maître Shaolin

Mettez de la grâce dans vos actions

Gardienne des animaux
Ayez confiance en vos instincts

Gardienne du cœur
Aimez et laissez-vous aimer

Gardienne protectrice
Laissez tomber vos défenses

Gardien de la Terre
Restez ancré et enraciné

Voyante
Voyez au-delà de la situation actuelle

Gardienne de la Paix
Libérez-vous du besoin d'avoir raison

Gardienne du miroir
Prenez le temps de réfléchir

Automne

Abandonnez les vieilles habitudes

Oracle
Attendez une information importante

Commerçant

Échangez l'énergie pour l'abondance

Femme Sage
Évoluez dans votre situation actuelle

Seigneur
Assumez avec autorité

Esprit Renard

Ayez confiance en vos talents

Sorcière Blanche
Soyez la lumière

Été

Lézardez dans la joie et la lumière

Observateur Céleste

Fixez votre regard toujours plus haut

Chasseur

Traquez vos peurs et vos désirs

Serpent

Faites peau neuve

Dame

Engrangez les récompenses

Gardienne de l'eau
Connectez-vous à vos émotions

Sage

Soyez dévoué et engagé

Flèche

Entourez-vous d'énergie protectrice